职业教育“十二五”规划教材
旅游服务类专业系列教材

饭店管理概论

（第二版）

杜建华　主　编
王贵香　副主编

科学出版社
北　京

内 容 简 介

本书根据中等职业学校学生的特点而组织编写，全面、系统地介绍了饭店管理的基本理论、方法和具体管理工作内容。全书共分 8 章，分别介绍了饭店概述、饭店管理理论、饭店组织与管理制度、饭店服务质量管理、饭店人力资源管理、饭店设备管理、饭店安全管理及饭店财务管理等内容。

本书既可作为中等职业学校旅游管理专业学生的学习用书，也可作为旅游饭店管理人员的培训教材，还可作为其他相关业务人员、科研人员和有关企业经营管理者的参考用书。

图书在版编目(CIP)数据

饭店管理概论（第二版）/杜建华主编. —北京：科学出版社，2015
（职业教育“十二五”规划教材・旅游服务类专业系列教材）
ISBN 978-7-03-043264-3

Ⅰ.①饭… Ⅱ.①杜… Ⅲ.①饭店-企业管理-中等专业学校-教材
Ⅳ.①F719.2

中国版本图书馆 CIP 数据核字（2015）第 024401 号

责任编辑：丁 波 涂 晟 / 责任校对：刘玉靖
责任印制：吕春珉 / 封面设计：东方人华

科学出版社出版
北京东黄城根北街 16 号
邮政编码：100717
http://www.sciencep.com

三河市良远印务有限公司印刷
科学出版社发行　各地新华书店经销
*
2007 年 11 月第 一 版　开本：787×1092 1/16
2015 年 1 月第 二 版　印张：10 1/4
2021 年 8 月第八次印刷　字数：218 800

定价：24.00 元

（如有印装质量问题，我社负责调换〈良远〉）
销售部电话 010-62134988 编辑部电话 010-62135120-22016

前　言

进入 21 世纪以来，中国饭店业步入跨越式发展阶段，要想使饭店业稳健成长，就需要越来越多的专业人才加入这个行业里来。因此，培养适应中国饭店业发展的高素质劳动者和技能型人才是职业教育的首要任务，而教材建设是人才培养的重要环节。根据国家加快发展中等职业教育的精神，结合中等职业教育对教材的需求，编者编写了本书。

本书作为饭店运营与管理专业的教材，既要注重管理理论与方法，又要重视饭店功能性和实务性的管理与操作，使学生既能学到本书系统的理论知识，又能在技术和方法上适应现代饭店管理实践运作的需要。因此，编者紧密联系国内外饭店业发展的实际现状，结合多年教学实践，使本书具有以下鲜明特点：

第一，突出了内容的系统性。饭店业是一个特殊的行业，饭店管理是一个独特的学科体系。本书以饭店业务经营管理为主线，描述了饭店概述、饭店管理理论、饭店组织与管理制度、饭店服务质量管理、饭店人力资源管理、饭店设备管理、饭店安全管理、饭店财务管理等，体现了内容的系统性。

第二，强化了理论阐述。本书以管理学基本原理作为理论基础，将国内外的饭店管理的最新理论有选择地进行取舍和提炼，形成理论主干。因此，本书不仅加强了基础理论部分，也加强了专业理论部分。

第三，密切联系实际。饭店管理学是一门实践性很强的学科，其理论来源于实践又为实践服务，各章的演绎都紧扣饭店的实际运营。因此，本书既有理论阐述又有很强的可操作性。

第四，具有中国特色。编者在编写本书过程当中突出中国式的饭店管理，使其具有浓郁的中国特色。

本书由陕西省旅游学校杜建华担任主编，提出写作大纲，并负责对各章内容的总审、定稿，由陕西省旅游学校王贵香担任副主编。具体的编写分工如下：杜建华编写第 1 章和第 2 章，长春职教中心于淑莉编写第 3 章，王贵香编写第 4、5、8 章，西安旅游职业中专陈健美编写第 6 章、易莉编写第 7 章。

编者在编写本书的过程中，参考和借鉴了部分相关的教材、著作和论文的成果及典型案例，在此谨向有关作者表示诚挚的感谢。

由于编者水平有限，疏漏之处在所难免，恳请广大读者批评指正。

编　者

2014 年 11 月

目　录

第 1 章

饭店概述

【案例导入】

“十一五”期间，我国旅游饭店产业整体健康发展，产业素质不断提升，市场影响力持续增强，为促进服务业繁荣发展和旅游服务水平整体提升做出了积极贡献。其在产业发展方面的成就之一就是星级饭店数量稳步增长，产业贡献能力增强。

“十一五”期间，我国星级饭店数量稳步增长，年均增长率为 5.5%；星级饭店客房数量年均增长率为 6.3%。截至 2010 年年底，全国共有 14 691 家星级饭店，其中五星级饭店 603 家，四星级饭店 2214 家，三星级饭店 6399 家，二星级饭店 5121 家，一星级饭店 354 家。

星级结构方面，高星级饭店发展明显快于中、低星级饭店。“十一五”期间，五星级饭店数量的年均增幅为 16%，远高于总体平均增幅。

地区分布方面，经济发达地区和旅游发达地区星级饭店数量多、档次高。东部地区星级饭店数量占全国总量的一半，其中高星级饭店超过 6 成。在东部发达省份，高星级饭店已经“落户”县级城市，甚至乡镇，在某些地区如海南三亚、广东东莞、江苏苏州、杭州千岛湖等，已经形成了高星级饭店群。

经营状况方面，2008～2009 年，我国旅游饭店业经历了全球金融危机的严峻考验。2009 年，全国星级饭店平均客房出租率为 57.88%，一至五星级饭店的出租率分别为 51.23%、58.23%、59.40%、59.68%、51.06%。到 2010 年年底，全行业基本走出金融危机的阴影。

[分析]“十一五”期间，我国星级饭店对旅游产业的贡献能力和价值在不断提升和加强，在包括星级饭店、旅行社、旅游景区等全国旅游企业的综合实力比较中，星级饭店占全国旅游企业总数的 28%，占总固定资产的 53%，创造了营业总收入的 40%，吸纳了旅游就业的 61%，贡献了营业税的 72%。

【学习目标】

1. 掌握饭店的基本概念及作用。
2. 了解世界饭店业的发展历史及各阶段的特点。
3. 了解和掌握中国现代饭店业发展四个阶段的主要特点。
4. 掌握饭店的分类方法。
5. 了解国际上采用的饭店等级制度与表示方法。
6. 熟悉我国饭店星级的评定规则。
7. 掌握绿色饭店的等级评定规定及其含义。
8. 掌握饭店连锁经营的概念及其优势。

【学习重点】

1. 饭店的基本概念和作用。

2. 世界饭店业发展的四个阶段及各阶段的特点。
3. 中国现代饭店业发展四个阶段的主要特点。
4. 饭店的类型和等级。
5. 绿色饭店等级评定。
6. 现代饭店连锁经营的形式及优势。

【学习难点】

1. 中国现代饭店业发展四个阶段的主要特点。
2. 我国饭店星级的评定规则。
3. 现代饭店连锁经营的形式及优势。

旅游饭店（tourist hotel）是为旅游者提供食、宿场所和各种服务，借以取得收入的旅游企业。中国旅游饭店是伴随着中国的改革开放和旅游业的迅猛发展而发展壮大的，是旅游业的“三大支柱”产业之一。饭店业的发展为当地社会的政治、经济、文化等方面的发展带来重要影响，刺激和促进当地社会的对外经济发展和文化交流，提高社会的文明程度。可以预言，随着社会经济和旅游业的发展，饭店业发展潜力巨大，设施设备将不断现代化，经营管理将日益科学化、专业化。

1.1 饭店的概念、属性和作用

饭店（hotel）一词源于法语，原指达官贵人在乡间招待客人的别墅、公馆等，是法国富人、名流聚集的地方。后来，欧美国家大都沿用了这一名称。起初，饭店的内容基本上是饮食和住宿两个方面，所以饭店最基本的定义就是为顾客提供住宿和餐饮服务的场所。随着饭店业的不断发展，饭店业的活动内容也就越来越丰富，现代饭店已发展成为集吃、住、游、购、娱、通信和商务于一体，能满足各类宾客不同需求的综合体。

1.1.1 饭店的基本概念

饭店实质上是一种以提供住宿、饮食为主要经营业务的企业。随着社会经济和旅游业的发展，饭店有了很大的变化，但饭店的本质特征并没有什么改变。一般来说，饭店应具备以下特征：

1）饭店是一个住宿设施完备并经政府批准的建筑。

2）饭店以住宿、餐饮服务为核心，为顾客提供各种服务。

3）饭店是一个企业，在承担一定的社会责任前提下，谋求合理的利润。

对于饭店的定义，国外的权威词典曾下过以下一些定义：

《美利坚百科全书》：饭店是装备好的公共住宿设施，它一般都提供膳食、酒类与饮料以及其他服务。

《大不列颠百科全书》：饭店是在商业性的基础上向公众提供住宿，也往往提供膳食的建筑物。

《韦伯斯特美国英语新世界词典》：饭店是提供住宿，也经常提供膳食与某些其他服务设施，以接待外出旅游者和非永久性居住的人。

根据以上定义，结合我国饭店的实际现状，并按国际惯例，国家旅游局在 2010 年对饭店的定义做出了明确的规定：旅游饭店是指以间（套）夜为时间单位出租客房，以住宿服务为主，并提供商务、会议、休闲、度假等相应服务的住宿设施，按不同习惯可能也被称为宾馆、酒店、旅馆、旅社、宾舍、度假村、俱乐部、大厦、中心等。

1.1.2 饭店和饭店业的属性

1. 饭店的属性

（1）饭店是一个企业

饭店同其他各类企业一样，是利用多种生产要素（土地、资金、设备、劳动力等），在创造利润的动机和承担风险的情况下，运用现代化技术和管理手段从事生产、销售等活动，以取得良好的社会效益和经济效益的基本经济组织。

饭店作为一个企业，拥有经营管理的自主权，即对本饭店的人力资源、物力资源、财力资源、信息资源等的支配权和使用权及经营决策权，运用先进的技术和管理手段，通过科学的决策来开展经营活动，取得良好的社会效益和经济效益。

饭店作为一个企业，在法律上必须具备“法人”资格。具备“法人”资格的饭店应符合下列四种条件：

1）必须获得国家有关部门批准，符合国家有关的法律、章程、条例等。

2）对饭店的财产拥有管理权或所有权。

3）能以饭店的名义从事经济活动，取得合法的权益，并承担义务。

4）能以饭店的名义参加诉讼活动，要求法院保护饭店的合法权益，并能够承担义务。具有“法人”资格的饭店由饭店的经营管理负责人或授权的代表执行它的权利、义务和行为。

（2）饭店是一个以提供服务为主的综合性服务企业

饭店从本质上讲，生产和销售的只是一个产品，那就是服务。饭店的产品由满足客人物质享受的各类设施、物品等有形产品和满足客人精神享受的服务所形成的无形产品组成。无形产品是饭店产品的基础，服务则是一种直接提供客人享受的活劳动，是一种特殊的产品。饭店是以提供具有特殊使用价值的无形产品——服务为主的企业。

2. 饭店业的属性

（1）饭店业是旅游业的重要组成部分

旅游业是以旅游者为对象，以旅游资源为凭借，以旅游设施为条件，向旅游者提供旅游活动所需的商品和服务的综合性产业。饭店业同旅行社、旅游交通被称为旅游业的三大支柱，是旅游业经营活动必不可少的物质条件。饭店是旅游者的“家外之家”，是创造旅游收入、特别是旅游外汇收入的重要部门。近年来，随着我国旅游业的蓬勃发展，我国的饭店业无论是行业规模、设施质量，还是经营观念、管理水平和服务质量都已取得了长足的进步，为我国旅游业的发展提供了雄厚的物质条件。

（2）饭店业从属于服务业，即第三产业

第三产业是随着人类社会的经济发展、社会进步、现代化程度提高而发展起来的。我国国家统计局结合国际行业划分标准对社会经济结构所做的划分为：第一产业，农业；第二产业，工业；第三产业，包括流通部门和服务行业。饭店业是一个以提供服务为主的综合性服务行业，因此也属于第三产业。

1.1.3 饭店的作用

1. 饭店是发展旅游业的重要物质基础

饭店是旅游综合接待能力的重要构成要素。饭店的规模大小、数量多寡，反映了一个国家（地区）发展旅游业的物质基础条件，是一个国家（地区）旅游接待能力的重要标志之一。从旅游需求的六大要素（吃、住、行、游、购、娱）中，除行外，其他要素均可在饭店里得到提供和满足。大凡旅游业发达的国家（地区），其饭店业也是发达的。

2. 饭店是旅游创收的重要基地

现代化的饭店由于具备多种服务功能和提供多种项目的服务内容，因此其收入在整个旅游收入中所占的比例越来越大，成为赚取外汇及回笼货币的重要场所和手段。饭店提供的服务性劳务具有就地的“劳务出口”的性质，因此而取得的外汇收入是外贸出口无法达到的。饭店业的发展，对于增加外汇收入、平衡国际收支有着重要意义。

3. 饭店为社会创造就业的机会

一般而言，饭店属于劳动密集型行业，可以直接为社会广大青年提供就业机会。国外的经验表明，饭店每间客房可以为 1.5 人提供就业岗位。按目前我国饭店的人员配备状况，平均每间客房配备 1.5～2 人。同时，由于饭店的建造和经营活动的开展，需要其他诸如建筑、商业、农副产品加工及煤、水、电等众多行业的配合，因此，饭店业的发展可为社会提供更多的间接就业机会，从而活跃劳动力市场。根据国际统计资料和我国的实践经验，高档饭店每增加一个房间，可以直接和间接为 5～7 人提供就业机会；中低档饭店每增加一个房间，则可以为 4～5 人提供就业机会。

4. 饭店业的发展促进了社会消费方式和消费结构发展变化

饭店向饭店所在地的居民提供活动的场所，如饭店的餐厅、娱乐厅等设施会吸引本地居民，使之成为当地的社交活动中心。利用饭店为人们提供的服务将会越来越多，这就必然促进人们消费方式和消费结构发生变化，有利于社会经济的发展。

5. 饭店业的发展带动了其他行业的发展，给所在地区带来巨大的经济收益

据有关资料统计表明，一家饭店住客开支的近 60%花费在饭店以外的社会其他行业，而且住客在饭店消费的物品大都是社会其他（有关）行业提供的。因此饭店业的发展，实际上也间接刺激了其他行业的发展。

1.2 饭店的发展历史

1.2.1 世界饭店业的发展简史

人类的旅行活动古已有之，为旅行者提供过夜休息、餐食的设施应运而生。在欧洲，从约公元前 600 年出现的设备简陋的客栈，到如今高级豪华酒店的大批出现，已有 2600 年的历史，其发展进程经历了以下四个时期。

1. 客栈时期（12～18 世纪）

中世纪初期，欧洲经济比较落后，商业、贸易很不发达，人们聚居在相对隔绝的村镇，因而很少有人旅行。中世纪后期，随着商业的发展，旅行和贸易兴起，对客栈的需求量大增，因此，客栈业得以迅速发展，代表这个时期典型特征的国家是英国。在中世纪，英国已出现大规模的旅行活动，由于当时可供四轮马车行走的驿道不多，农村和城镇相距较远，森林和田野经常有盗匪出没，旅行者往往成群结队地行动。晚间，他们除了需要食物和休息外，更加需要的是一个有保护、较为安全的住宿地。因此，沿街有的住户就向旅行者敞开了家户，这就推动了客栈业的发展。

客栈时期饭店的特征是设备简陋、规模小，只能满足客人住宿和饮食两项最基本的生理需求，不讲究舒适，更谈不上提供令人满意的服务。

2. 大饭店时期（18～19 世纪末）

自 18 世纪后期开始，欧美诸国进入工业化时代，商贸活动急剧增加，进而刺激了饭店业的发展，世界饭店业也随之进入了大饭店时期。这一时期，具有典型代表意义的国家是法国，19 世纪 50 年代诞生的法国巴黎大饭店是大饭店时期开始的标志。

1794 年，在纽约建成的首都饭店是严格按照要求建立起来的，内有 73 套客房，富丽堂皇，在当时不啻为一座大宫殿。

1829 年在波士顿建成的特里蒙特（Tremont）饭店被称为第一座现代化的饭店，为整个新兴的饭店行业确立了明确的标准。该饭店拥有 170 间客房，据说它是第一座建有前厅的饭店，客人不再在酒吧柜台上登记入住。餐厅设有 200 个座位，供应法式菜肴。饭店不仅有单间的客房，而且房门可以加锁。客房内备有脸盆、水罐和肥皂，客人再也不必上饭店后院从水泵里接水洗澡，特里蒙特饭店也因此而闻名。

在大饭店时期，饭店在服务上也有很多创新。作为本时期饭店经营者的代表人物——瑞士人恺撒·里兹（Cesar Ritz）提出了“客人永远是对的”这样的饭店经营格言。

大饭店和客栈有着许多根本的区别。大饭店都是建立在繁华的大都市，规模宏大，建筑与设施豪华，讲究装饰。饭店的服务也是一流的，讲究礼仪，主要接待王公贵族、官宦和社会名流。大饭店的投资者和经营者的目的并不在于追逐经济效益，而在于通过和社会名流的交往来提高自己的社会地位和社会名望。饭店收费昂贵只是为了将接待对象限制于富有的上流阶层，并不进行经济核算和合理化的经营。

3. 商业饭店时期（20 世纪初至 50 年代）

产业革命引起了经济的繁荣。20 世纪初，世界范围的商品贸易和经济交往活动大量增加，只供特权阶层使用的豪华饭店已远远不能满足商务往来大量增长的需求。1908 年，被誉为“饭店管理之父”的埃尔斯沃思·米尔顿·斯塔特勒（Ellsworth Milton Statler）在美国纽约州布法罗城（Bufflo）建造了第一家由他自己设计并用他的名字命名的斯塔特勒饭店，开创了商业饭店时期。

同里兹的饭店经营不同，斯塔特勒把“提供普通民众能付得起费用的世界第一流的服务”作为经营目标。斯塔特勒饭店是专门为旅游者设计的，其特点是每套客房都带浴室（仅售

1.5 美元），这在当时是闻所未闻的。斯塔特勒提出了饭店经营成功的根本要素是“地点、地点、地点”的原则，还提出了“客人永远是正确的”，“饭店从根本上来说，只销售一样东西，这就是服务”等至理名言。

商业饭店时期饭店管理发生了根本性变革。在管理中运用科学的管理方法，将图表、数字等定量管理手段运用到饭店管理中。第一次明确了饭店的产品就是服务，讲究服务质量，努力提高服务效率，在饭店建立标准化服务设施和实行程序化服务。饭店设施不再追求豪华，而把目标放在如何使顾客感到舒适上。

20 世纪 20 年代，饭店业得到了迅速发展，仅在纽约，就有许多饭店兴建起来。20 世纪 30 年代的经济大萧条时期，旅游人数大减，饭店业陷入困境。

4. 新型饭店时期（20 世纪 50 年代至今）

随着第二次世界大战后世界经济的复苏，人们在国内、国际间的旅行和旅游活动日益频繁，航空运输及高速公路日益普及，世界各国相继兴建了许多大型高层的现代化饭店，公路两旁的汽车旅馆更是星罗棋布。这一时期饭店的主要特点如下：

1）接待对象的大众化。第二次世界大战后，随着各国经济的发展，交通业的不断革命，旅游业得到迅猛发展，饭店业的接待对象除商务旅游者，更多的是以观光度假为目的的广大普通旅游者。

2）功能的日益多样化。为了适应现代旅游者的需求，饭店不仅仅向客人提供吃、住的场所，还要满足客人对娱乐、健身、购物、通信、商务等多种需求，饭店也是当地社交、会议、展览等活动的场所，其功能日益多样化，故现代饭店被称为“城中之城”、“国中之国”、旅游者的“家外之家”。

3）饭店类型的多样化。为了满足不同客源市场的需要，这一时期的饭店业开始朝多样化方向发展，出现了多种类型的饭店，如商务型饭店、度假型饭店、长住型饭店、会议型饭店等。

4）饭店经营的联营化。随着世界饭店业的发展和饭店业竞争的不断加剧，饭店业走上联营化的发展道路。一些有实力的饭店公司，以签订管理合同、授让特许经营权等形式，进行国内甚至跨国的连锁经营，逐渐形成了一大批使用统一名称、统一标识，在饭店建造、设备设施、服务程序、管理方式等方面实行统一标准的饭店联号公司。当今世界上的许多饭店都被一些大的饭店集团所控制，如希尔顿饭店管理公司（Hilton Hotel Corp.）、万豪国际饭店集团公司（Marriott Internation Inc.Hotels）、凯悦国际饭店公司（Hyatt Hotel International Corp.）等。

1.2.2 中国饭店业的发展简史

1. 中国古代的饭店设施

我国是世界上最早出现旅店的国家之一，最早的饭店设施可追溯到春秋战国或更远古的时期。当时为了传递公文、满足来往的官员住宿及少量的商业贸易需要，设置了许多驿站、客栈。西周时，就是“凡国野之道，十里有庐，庐有饮食；三十里有宿，宿有路室；五十里有市，市有候馆”的记载。元朝时，一些客栈和旅店的管理已有了一套比较完整的制度，如“将寄宿客人的姓名登记在一个簿子上，注明他来去的日期”等。明清时代，饭店已形成一定的规模。

2. 中国近代饭店业

鸦片战争以后，中国逐渐沦为半殖民地半封建社会。这一时期的饭店有三种类型：一是外国人在我国沿海一带的城市建立的饭店，如北京的六国饭店（现为北京华风宾馆）、上海的锦江饭店、广州的万丽酒店等，这些饭店规模大，设备豪华、设施完善，专为贵族服务；二是中国的工商业者建立的饭店；三是由中国旅行社在各主要城市建立的饭店和旅舍，分布在各风景名胜地，专门招待国外旅游者。

知识链接

锦 江 饭 店

锦江饭店是中国领先的酒店集团，主要从事酒店营运、管理与特许经营、餐厅营运、客运物流和旅行社等业务。锦江饭店于2006年12月在香港主板成功上市，为中国内地首家登陆香港资本市场的纯中国酒店概念股，证券代码2006.HK。

截至2013年年末，锦江饭店旗下营运及筹建中的酒店共1566家，客房合计超过23.5万间。在中国境内，酒店网络遍及中国31个省、自治区、直辖市约280座城市，酒店业务涵盖全服务酒店、有限服务酒店，酒店品牌包括J. Hotel、锦江（Jin Jiang）、锦江都城（Metropolo）、锦江之星（Jin Jiang Inn）等系列，以完善的综合酒店服务及独特的业务模式享誉全国；海外业务方面，锦江饭店持股50%的美国洲际酒店集团（Interstate Hotels & Resorts，LLC）在全球10个国家管理了近400家酒店。以客房量计算，在国际酒店和餐厅协会官方刊物《HOTELS Magazine》发布的全球酒店集团300强排行榜上，锦江饭店位列全球第9位。

此外，锦江饭店还控股了在中国境内上市的锦江股份（600754.sh/900934.sh）、锦江投资（600650.sh/900914.sh）和锦江旅游（900929.sh）。

3. 中国现代饭店业

新中国成立后，随着国民经济的恢复和发展，我国对一些旧的饭店进行了改造和扩建，一度促进了饭店业的发展。1966～1976年，旅游业几乎处于停滞状态，饭店业也停滞不前。党的十一届三中全会以来，随着我国实行对外开放政策和商品经济的发展，我国的饭店业无论是从行业规模或设施质量，还是经营观念或管理水平都已取得了长足的进步，我国饭店业进入了一个迅速发展的新时期。

自1978年我国实行改革开放以来，我国饭店业的发展大致经历了以下四个阶段。

第一阶段：1978～1983年，为我国饭店业的初创阶段，饭店由事业单位招待型管理走向企业单位经营型管理。

这一时期的饭店，很大部分是从以前政府的高级招待所转变而来的，为招待型的事业单位。在财政上实行统收统支、实报实销的制度，基本上没有上缴利润，没有任何风险，服务上只提供简单的食宿，谈不上满足客人要求的各种服务项目；经营上既没有指标，也没有计划，也就没有压力和活力，与满足国际旅游业发展和为国家增加创汇要求极不相称。

在这一时期，旅游行政管理部门重点围绕以下三个方面做了大量工作：一是如何使我国饭店业从招待型管理转轨为企业化管理；二是如何提高饭店管理水平和服务质量；三是如何提高管理人员素质使之掌握现代化饭店管理知识。在总结和推广当时一些饭店先进经验的基础上，提出了饭店应在经营性质上实现企业化；在管理上，建立岗位责任制；在经营上，增加服务项目，开展多种经营；在管理队伍建设上，着手抓管理人员的培训和知识更新。经过几年努力，使一批原来的事业单位初步实现了企业化，饭店经营水平有了明显变化，服务质量有了显著提高。

第二阶段：1983～1988 年，为我国饭店业的稳步发展阶段，饭店业由经验型管理走向科学管理。

1984 年，在全行业推广北京建国饭店的科学管理方法，使我国饭店业走上与国际接轨的科学管理的轨道，这是我国饭店业在发展中迈出的第二步。建国饭店是北京第一家中外合资饭店，也是全国第一家聘请外国饭店管理集团管理的饭店，开业时间不长，就以符合国际水准的服务蜚声中外，取得了良好的经济效益。1984 年 3 月，中共中央和国务院领导指示，国有饭店也应按照北京建国饭店的科学管理办法进行管理。国家旅游局在认真总结该饭店经营管理办法的基础上，在全国分两批选定 102 家饭店进行试点。试点的主要内容：一是推行总经理负责制及部门经理逐级负责制；二是推行岗位责任制，抓好职工培训；三是推行严格的奖惩制度，打破“大锅饭”和“铁饭碗”，调动职工积极性，保证服务质量稳步提高；四是推行充分利用经济手段，开展多种经营、增收节支、提高经济效益的办法。通过推行这套管理方法，全国饭店业在 102 家试点单位的带动下，在管理、经营、服务等方面都发生了深刻的变化，迈上了饭店科学管理之路。

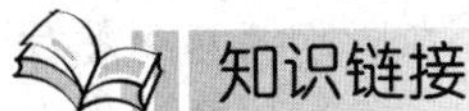

北京建国饭店

位于北京东长安街建国门国贸商务区内的建国饭店是我国第一家合资酒店，也是北京 CBD 唯一的花园式酒店，具有京城独有的园林式风格，楼高 9 层，共有客房 452 间。

1979 年 6 月 7 日，庄炎林签发了旅游总局送呈国务院的一份报告——中外合资、合营建一座旅游饭店的方案，因为饭店拟建在建国门内，所以取名建国饭店。1980 年，饭店动工，1982 年开业，前 5 年由香港一家酒店管理集团来管理。因为在合资合作的同时，引进了先进的管理理念，结果头一年即盈利 150 多万美元，成为我国当时饭店业的楷模。

第三阶段：1988～1994 年，饭店业推行星级评定制度，使我国饭店业进入国际现代化管理的新阶段。

20 世纪 80 年代中后期，我国的饭店业经过持续的高速发展，到 1988 年已拥有旅游涉外饭店 1496 家，客房 22 万间。为使我国迅速发展的饭店也能规范有序地发展并与国际饭店业的标准接轨，1988 年 9 月，经国务院批准，国家旅游局颁布了饭店星级标准，并开始对旅游涉外饭店进行星级评定。我国的饭店星级标准是在对国内外大量调查研究的基础上，参照国际上的通行标准并结合我国饭店实际情况制定出来的。1993 年经国家技术监督局批准，定为国家标准。饭店星级是国际饭店业的通用语言。我国饭店业实行星级制度，可以促使饭店的服务和管理符合国际惯例和国际标准。评定星级既是客观形势发展的需要，又使我国饭店业进入了规范化、国际化、现代化管理的新阶段。

第四阶段：1994 年至今，我国饭店业逐步向专业化、集团化、集约化经营管理迈进。

20世纪80年代以来，国际上许多知名饭店管理集团纷纷进入我国饭店市场，向我国饭店业展示了专业化、集团化管理的优越性及现代饭店的发展趋势。1994年，经国家旅游局批准，我国成立了第一批自己的饭店管理公司，这为迅速崛起的我国饭店业注入了新的活力，引导我国饭店业向专业化、集团化管理的方向发展。90年代中后期，我国饭店业总量急剧增加，由于受到国际国内经济变化的影响，饭店经济效益出现滑坡，走“集约型发展之路”越来越成为饭店业界的共识，要求从单纯追求总量扩张、注重外延型发展向追求质量效益、强化内涵型发展转变。

1.3 饭店的类型和等级

1.3.1 饭店的类型

饭店的类型是由饭店的经营规模、经营性质、投资费用、投资来源、计价方式、客源市场性质等因素所决定的。尽管饭店之间在许多情况下并没有非常明显的划分标准，但是在一般情况下饭店主要包括以下类型。

1. 根据饭店特色及客源市场特点分类

（1）商务型饭店

商务型饭店也叫暂住型饭店，以接待商务旅行者为主，此类饭店多位于城市的中心地区或商业区。商务旅行者一般消费水平较高，因此商务型饭店设施豪华，除了具有较为考究的住宿和饮食设施外，其最突出的特点是拥有为满足商务客人所需的各种设施和通信系统，如直拨海外的电话、电传、传真设施、投影仪、录像机和各种规格的谈判间、会议间。此外，商务型饭店的综合设施也较齐全，健身房、游泳池、网球场、桑拿浴室、康乐中心等都是商务型饭店所不可缺的设施。现在许多商务型饭店还专门设有商务套房及行政楼层。

（2）度假型饭店

度假型饭店以接待休闲度假旅游的客人为主，多位于海滨、温泉、山区、森林等地，且交通非常方便。这类饭店除了提供一般饭店所应有的服务项目以外，还必须提供客人度假消遣的基本设施和康乐设施，如保龄球、游泳池、电子游戏等。

近年来，在许多旅游业发达的国家，已出现度假型与商务型相结合的饭店，即所谓改良的度假型饭店，并且被认为是当代饭店设施发展的方向之一。

（3）长住型饭店

长住型饭店主要接待长住的商务和度假客人，客人一般要和饭店签订一份协议或合同，具体写明居住的时间和饭店提供的服务项目。长住型饭店的建筑布局与公寓相似但又有区别，客房多采用家庭式布局，以套房为主，配备宾客长住所必需的家具和电器设备，此外还配有可供宾客自理饮食的厨房设备。

（4）会议型饭店

会议型饭店是专门承接各种会议、科技演示等活动的饭店。这类饭店不仅要求提供舒适方便的客房和各种美味的餐饮，同时要配备大小规格不等的会议室、演讲厅、展览厅等场所，以及相应的会议设备，如投影仪、扩音设施、录放像设备、视听设备等，接待国际会议的饭店还要求配备同声传译装置。

（5）汽车旅馆

汽车旅馆大多位于欧美国家的公路干线旁，为自备有汽车的旅客提供住宿等服务。它和一般饭店不同的地方在于建有较大规模的停车场，且价格便宜，一般采用自动化服务，设有商店和餐厅，深受驾车旅行者欢迎。

（6）经济型饭店

经济型饭店也称有限服务型饭店，起始于美国。现代经济型饭店主要具备三个条件：第一，功能简化，服务功能集中在住宿上，会议和娱乐功能大大压缩，甚至根本不设；第二，性价比高，经济型饭店把现代家居的卫生、简约、温馨、舒适等特点融入客房，竭力给客人以家的感觉，价格上经济实惠；第三，节约成本，经济型饭店在能源、人工、用品等方面高度节省。目前，国际上经济型饭店做得比较成功的有美国的“速 8”、法国雅高集团推出的“宜必思”等品牌。

自 2004 年开始，经济型饭店在我国出现，并在短短几年的时间里实现了跨越式的发展（2004 年被称为中国经济型饭店元年）。“锦江之星”是我国出现最早的一家经济型连锁饭店。除此之外，做得比较好的还有如家酒店、汉庭酒店等。

2. 根据饭店规格分类

饭店规模一般是以饭店拥有的客房数来表示的。根据客房数量，可将饭店划分为以下三种。

（1）小型饭店

小型饭店一般拥有 300 间以下的客房，提供一般性服务，房价较低廉，适合经济等旅游团居住。

（2）中型饭店

中型饭店一般拥有 300～600 间客房，提供较齐全的设施和服务项目，适合中、高收入的客源市场。

（3）大型饭店

大型饭店一般拥有 600 间以上的客房，设施豪华，外观和内装修极为考究，综合设施和服务项目都比较齐全，一般设有豪华的总统套间，适合豪华团队和商务客人居住。

知识链接

马来西亚第一世界酒店

素有“南方蒙特卡罗”之美誉的云顶高原，是马来西亚旅游的第一大品牌。云顶高原，海拔约 2000 米，全年气温在 22℃左右，是马来西亚最大、最著名的娱乐中心和避暑圣地。高原上娱乐设施齐全，有 5 家风格各异的豪华酒店，共有 1 万多间舒适客房和公寓，还有超过 80 家零售商店和 86 家餐厅。

在马来西亚云顶高原上最大、最受欢迎的酒店——第一世界酒店（First World Hotel）于 2000 年 12 月 15 日开业，酒店拥有客房 6000 余间，以热带雨林为主题的酒店大堂，宏伟壮丽，令人叹为观止。

3. 根据饭店计价方式分类

根据饭店计价方式，饭店可分为以下五种。

（1）欧式计价饭店

欧式计价饭店是指饭店客房价格仅包括房租，不包含食品、饮料等其他费用的饭店。

（2）美式计价饭店

美式计价饭店是指饭店客房价格包括房租及一日三餐费用的饭店。目前，尚有一些地方偏远的度假型饭店归属此类。

（3）修正美式计价饭店

修正美式计价饭店是指饭店客房价格包括房租和早餐，以及午餐和晚餐任意一餐费用的饭店。这种计价方式的饭店在我国比较少见。

（4）欧陆式计价饭店

欧陆式计价饭店是指饭店客房价格包括房租及欧陆式早餐费用的饭店。

（5）百慕大计价饭店

百慕大计价饭店是指饭店客房价格包括房租及美式早餐费用的饭店。

4. 根据国家标准分类

根据中华人民共和国国家标准《旅游饭店星级的划分与评定》（GB/T 14308—2010）分类，饭店分为有限服务饭店（limited service hotel）和完全服务饭店（full service hotel）两大类。其中，一星级、二星级、三星级饭店是有限服务饭店，评定星级时应对饭店住宿产品进行重点评价；四星级和五星级（含白金五星级）饭店是完全服务饭店，评定星级时应对饭店产品进行全面评价。

1.3.2 饭店的等级

1. 饭店等级的概念

饭店等级是指一家饭店的豪华程度、设施设备水平、服务范围和服务质量等方面所反映出的级别与水准。

不少国家和地区，通常根据饭店的硬件设施（包括饭店的建筑、外观、设施、装潢、布局、面积、环境）和饭店的软件（包括饭店的服务质量、管理水平、宾客满意程度）等情况，按照一定的标准和要求对饭店进行分级，并用某些标志表示出来，在饭店的显著地方公诸于众。这就是饭店的等级或等级制度。

2. 国际上的饭店等级制

饭店的等级制度目前在世界上已较为广泛，尤其在欧洲更是普遍采用。但由于各国家、各地区之间饭店业的发达程度和出发点不同，各种等级制所采用的标准不尽相同，用以表示级别的标志与名称也不一样。目前，国际上采用的饭店等级制度与表示方法大致有以下四种。

（1）星级表示法

星级表示法是把饭店根据一定的标准分成等级，分别用星号（★）来表示，以区别其等级的制度。比较流行的是五星级别，星越多，等级越高。这种星级制在世界上，尤其是欧洲采用的最为广泛。例如，法国的饭店分为“1～5 星级”，意大利的饭店采用“豪华、1～4 级”制，瑞士的饭店分为“1～5 级”。我国饭店于 1988 年 9 月 1 日起也实行了这种星级表示法。

（2）字母表示法

许多国家将饭店的等级用英文字母表示，通常有 A、B、C、D 四个等级，A 为最高级，D 为最低级。有的虽然用 A、B、C、D 四个字母来表示四个不同的等级，但用 A1 或特别豪华级来表示最高级，如奥地利的饭店使用“A1、A、B、C、D”级。

（3）数字表示法

用罗马数字表示饭店的等级时，最高级一般用“豪华”表示，继豪华之后由高到低依次用 1、2、3、4 来表示，数字越大，档次越低。

（4）文字表示法

一些国家直接用文字来表示饭店的等级。例如，美国除了采用星级表示法外，有的州也采用文字表示法，即超豪华、豪华、超一级、一级、旅游级、一般旅游级等；挪威则从高到低将饭店分为乡村饭店、市镇饭店、山区饭店、观光饭店。

知识链接

阿拉伯塔酒店

阿拉伯塔（Burj Al-Arab）酒店又称迪拜帆船酒店、“阿拉伯之星”，它位于中东地区阿拉伯联合酋长国迪拜市，是世界唯一七星级酒店、全世界最豪华的酒店。

该酒店由英国设计师汤姆 · 赖特（Tom Wright）设计，1994 年开建，1999 年 12 月建成开放，其中仅外壳及填海的费用就高达 11 亿美元。酒店建在海滨的一个人工岛上，是一个帆船形的塔状建筑，一共有 56 层，高 321 米，整个酒店含有 26 吨黄金。它正对着卓美亚海滩（Jumeirah Beach）酒店（被认为是世界上最棒的酒店），客房面积为 170～780 平方米，最低房价为 900 美元，最高的皇家套房则为 18 000 美元。酒店采用双层膜结构建筑形式，造型轻盈、飘逸，具有很强的膜结构特点及现代风格。它拥有 202 套复式客房、200 米高的可以俯瞰迪拜全城的餐厅。

3. 中国饭店星级评定制度

为适应国际旅游业发展的需要，尽快提高旅游涉外饭店的管理水平和服务质量，使之既有中国特色又符合国际标准，保护旅游经营者和旅游消费者的权益，1988 年国家旅游局邀请国际旅游专家、西班牙旅游企业司司长费雷罗先生来到中国，参照国际官方旅行组织协会《旅馆等级标准》，制定了《中华人民共和国评定旅游涉外饭店星级的规范和标准》，并于 1988 年 9 月 1 日起执行。国家技术监督局首次于 1993 年 9 月 1 日批准的中华人民共和国国家标准《旅游涉外饭店星级的划分与评定》（GB/T 14308—1993）自 1993 年 10 月 1 日起实施，并于 1997 年进行了首次修订，修订以后的名字未变，编号变为 GB/T 14308—1997。2003 年又进行了第二次修订，修订以后的名字除掉了“涉外”两个字，是因为加入世界贸易组织后实行统一国民待遇，不再有涉外区别。2010 年进行了第三次修订，自 2011 年 1 月 1 日起，GB/T 14308—2010 替代 GB/T 14308—2003，成为目前我国对旅游饭店进行星级评定的唯一标准。

1.4 绿色饭店

1.4.1 绿色饭店等级评定规定提出的背景

随着全球生态环境的日益恶化，保护环境、倡导绿色消费日益受到人们的关注。国务院制定的可持续发展战略及国家经济贸易委员会推出的“三绿工程”都对我国饭店行业的可持续发展和环境管理工作提出了要求。同时，我国加入世界贸易组织和北京申奥成功后，国际间交流日益频繁，绿色消费已逐渐成为今后消费的主流。为适应这种形势和要求，规范和强化饭店行业的环境行为，引导饭店在经营中更多地考虑消费者的环保、安全、健康等需求因素，2003 年 3 月 1 日，由中国饭店协会、全国质量管理和质量保证标准化技术委员会联合起草的行业标准《绿色饭店等级评定规定》（SB/T 10356—2002）由国家经济贸易委员会颁布并正式实施。该标准借鉴了国外发达国家绿色饭店标准及创建过程的先进经验，充分考虑了我国饭店业市场的特点和行业状况，结合了 ISO 9000、ISO 14000、OHA 18000 等国际标准在饭店行业中实施的特点。因此，《绿色饭店等级评定规定》为目前国内唯一权威的绿色饭店标准。

1.4.2 绿色饭店等级评定的管理规定

1. 绿色饭店等级评定的目的

1）证明饭店有能力、能够稳定提供满足顾客和适用法规要求的绿色饭店服务内容。

2）通过持续的改进，提高顾客的消费满意程度和环境保护功能。

2. 绿色饭店等级评定引用的标准

1）《质量管理体系要求》（GB/T 19001—2000）（等同采用 ISO 9001：2000）。

2）《环境管理体系要求》（GB/T 24001—1996）（等同采用 ISO 14001：1996）。

3. 绿色饭店标准采用的定义

1）绿色饭店是指运用环保、健康、安全理念，倡导绿色消费，保护生态和合理使用资源的饭店。其核心是为顾客提供舒适、安全、有利于人体健康要求的绿色客房和绿色餐饮，并且在生产经营过程中加强对环境的保护和资源的合理利用。

2）绿色消费是指人们在购买商品和消费时，关注商品在生产、使用和废弃后对环境的影响问题，并在消费过程中关注环境保护的问题。

3）绿色食品是指遵循可持续发展原则，按照规定的要求进行生产，经专业机构认定，可使用绿色食品标志的无污染、安全、优质、营养的食品。

4. 绿色饭店等级的划分及标识

根据饭店在提供绿色服务、保护环境等方面做出不同程度的努力，绿色饭店分为 A 级、AA 级、AAA 级、AAAA 级、AAAAA 级五个等级。AAAAA 级为最高级。

5. 绿色饭店等级划分的依据和评定方法

1）绿色饭店等级划分的依据是中华人民共和国旅游行业标准《绿色旅游饭店》（LB/T 007—2006）。

2）评定方法。

饭店自愿向全国绿色饭店评定机构报名，并组织相关人员参加培训。饭店参照绿色饭店标准及细则，开展实施活动。根据饭店的需要，全国绿色饭店评定机构将派专家进行具体指导。饭店根据实施结果，填写有关评估材料报全国绿色饭店评定机构。全国绿色饭店评定机构对材料进行书面审核后，委派审核组对现场进行检查评审，出具评审报告并确定等级。一家饭店评定一个等级，如果饭店由若干分店组成，应按各店的实际情况分别评定等级。如果是连锁饭店，可以统一申报，一次评定。

6. 绿色饭店等级评定及管理原则

1）绿色饭店的评定采取饭店自愿申请，评定为绿色饭店的饭店实行强制管理制度。

2）经评定的绿色饭店被授予相应等级的绿色饭店标志牌，对本饭店生产的餐饮食品经专家委员会认定准许使用“绿色美食”标志并颁发证书。

3）绿色饭店标志牌由全国绿色饭店评定机构统一制作、颁发，任何单位或个人未经授权或许可，不得擅用。

4）经评定的绿色饭店，由全国绿色饭店评定机构每两年进行一次年审，每四年进行一次复评。在此期间，应饭店的申请，可安排进行晋级评定。全国绿色饭店评定机构将进行不定期暗访。在年审、暗访、复评人员出示审核员证及绿色饭店评定机构委托书后，饭店应积极配合开展相关工作。评审企业的绿色饭店标志的有效期为四年（自颁发证书之日起计算）。

5）饭店在使用标志期间，一经发现与标准不符或给消费者带来直接的、间接的利益损害的行为，将根据情节轻重给予警告、降级、摘牌等处理。

绿色饭店等级及其含义

A 级：表示饭店符合国家环保、卫生、安全等方面法律法规，并已开始实施一些改进环境的措施，在关键的环境原则方面已做出了时间上的承诺。

AA 级：表示饭店在为消费者提供绿色服务、减少企业运营对环境的影响方面已做出了一定的努力，并取得了初步的成效。

AAA 级：表示饭店通过持续不断地实践，在保护生态和合理使用资源等方面取得了卓有成效的进步，在本地区饭店行业处于领先地位。

AAAA 级：表示饭店的服务与设施在提高生态效益的实践中，获得了社会的高度认可，并不断提出新的创举，处于国内饭店行业领先地位。

AAAAA 级：表示饭店的生态效益在世界饭店业处于领先地位，其不断改进的各项举措，为国内外饭店采纳和效仿。

1.5 现代饭店的连锁经营

饭店连锁经营（hotel chain operation）是指饭店集团公司在本国或世界各地直接或间接地控制两个以上的饭店，以相同的店名和店标、统一的经营程序和管理水平、一致的操作程序和服务标准进行联合经营。

1.5.1 饭店集团的形成

第二次世界大战以后，世界饭店业进入“新型饭店”发展时期。新时期的主要标志之一就是饭店集团的兴起，独家经营的饭店被更具竞争实力的饭店连锁经营取而代之。当时国际旅游业迅速发展，在国际饭店业的激烈竞争中，饭店企业主意识到单一饭店独立经营的形式难以应付竞争局势，而扩大规模、联合经营则容易在竞争中获胜，因此许多饭店相互兼并和转让产权。此外，其他行业，特别是航空公司以购买饭店股份的方式参与饭店业并逐步扩大股权，形成了对饭店企业的控制。例如，美国泛美航空公司通过购买洲际饭店的产权，控制了洲际饭店，成立了洲际饭店公司，把饭店业的发展推向了一个新高度。此后，许多饭店及参与饭店业的企业为了自身的发展和开辟新市场，纷纷在各地建造饭店，购买饭店产权或以其他形式控制饭店。这样，由美国首创的饭店集团在短时期内迅速地发展起来。目前，世界上的大饭店几乎全部被一些饭店集团所控制，而这些饭店集团日益发展成为世界的知名品牌。

知识链接

香格里拉酒店集团

总部设在香港的香格里拉酒店集团是亚洲最大的豪华酒店集团，且被视为世界最佳酒店管理公司之一。香格里拉酒店集团是香格里拉亚洲有限公司的品牌，该公司在香港股票市场上市。

香格里拉这个名字源自英国作家詹姆斯·希尔顿（James Hilton）1933年发表的传奇小说《消失的地平线》，它所寓意的恬静、祥和、殷勤的服务，完美地诠释了闻名遐迩的香格里拉酒店集团的精髓。

酒店管理集团拥有两个品牌：香格里拉和商贸饭店。香格里拉品牌主要为五星级豪华城市酒店和度假酒店。多数城市酒店的客房量都超过500间，而度假酒店的规模相对略小。1989年设立的商贸饭店为四星级的品牌，价格定位适中。目前集团在北京、长春、沈阳、迪拜、吉隆坡、马尼拉、槟城、新加坡和仰光共拥有九家商贸品牌的饭店。

香格里拉酒店集团卓越服务的传统始自1971年开业的新加坡香格里拉大酒店。酒店占地6万多平方米，优美的花园景致、舒适典雅的客房，加上亚洲人的殷勤好客之道，为酒店业的卓越服务树立了新的标准。

1.5.2 饭店连锁经营的优势

饭店连锁经营是现代饭店业发展的必然趋势，连锁经营比独家经营在经营管理及市场竞争中占据更大的优势。这些优势大都来自饭店集团所享有的规模经济，主要表现在以下几个方面。

1. 经营管理优势

饭店集团一般都具有较成功的管理系统，能为所属饭店制定统一的经营管理方法和程序，为饭店的建筑设计和硬件设施规定严格的标准，为服务和管理订立统一的操作规程。这些标准和规范被编写成经营手册，帮助所属饭店达到经营标准。同时，根据经营不断变化，饭店集团对这些标准和规范也经常更新改进，以确保饭店集团经营管理的先进性。

2. 人才优势

大型饭店集团一般都有自己的培训基地和培训系统。例如，假日集团于 1972 年在美国密西西比州设立假日大学，每年有 3000 名世界各地的假日酒店员工在假日大学就读，凡是假日酒店的总经理或餐饮部经理必须在假日大学受过两周以上的训练，并且在学完以后在饭店工作一段时间还得再返回假日大学参加两周的研习班。希尔顿集团在美国休斯顿大学设立自己的饭店管理专业。

饭店集团内部还设有培训部门，负责拟定培训计划，并聘请各类饭店经营专家为所属饭店提供在职员工的培训。饭店集团通过建立自己的人才培训专门机构，有利于提高饭店人员素质，从而占据人才优势。

3. 资本优势

饭店集团一方面可在本集团成员饭店间聚集和调动资金，以适应某一发展项目的资金需要；另一方面可凭借其实力做担保，向国内外金融机构争取优惠贷款。同时，饭店集团还能为所属饭店提供金融机构的信息，并帮助推荐贷款机构。

4. 市场营销优势

饭店集团一般规模较大，经营较为成功，在国际上享有较高的声誉，在公众中产生深刻的印象。饭店集团的各成员饭店都使用统一的字号、统一规格的设施设备和统一的服务标准，从而易于在市场上树立起本集团的形象。同时，一家成员饭店的营销宣传可对整个集团产生效果。此外，饭店集团可凭借其资本优势，建立自己的计算机预订系统（computer reservation system，CRS）。饭店集团的成员饭店能有较多的客源同它们拥有这种市场营销优势是分不开的。

5. 技术经济优势

饭店集团可根据成员饭店的分布情况，将某些设施设备集中起来统一为各成员饭店服务，如某些食品的生产加工、大型工程设备维修、洗衣房等。同各饭店自行配备这些项目相比，这种集中提供的做法可以降低单位成本。

6. 物资采购优势

由于饭店集团要求所属饭店实现设备、设施和经营用品的标准化、规格化，因此，一些大型饭店集团专门设立负责饭店物资供应的分公司或总部采购部，向各饭店提供统一规格和标准的设备及经营用品，从而形成比较完善的集团物资供应系统。而集中大批量购买又能获得较大价格折扣，从而降低饭店经营成本。

7. 客房预订优势

饭店集团一般都有较为先进的客房预订系统，有高效率的计算机中心和直拨订房电话，为集团中的成员饭店处理预订客房工作，并处理集团中各饭店间推荐客源的业务。饭店集团在各地区的销售办公室有一支精明的销售队伍，可在各大市场区为各饭店招徕销售团队、会议业务，并为各饭店及时提供市场信息，有利于饭店增加客源、开发国际市场。

8. 风险扩散优势

饭店集团能够通过成员饭店针对不同市场部分的多元经营和成员饭店在地域方面的分散性特点，减少整个集团在经营因某地季节和市场需求量等因素的不利变化而产生的风险。

1.5.3 饭店连锁经营的形式

世界各地饭店集团连锁经营的形式或结构关系多种多样，归纳起来，通常有以下几类。

1. 拥有形式

拥有形式是指一家饭店集团公司拥有好几家饭店，这是最简单的集团公司形式。各饭店所有权都属于同一家集团、同一个法人。这种结构有利于节省费用，如注册费用及经营中的人工费用。该形式的缺点首先是风险较大，若集团中一家饭店经营失败而资产不足以偿付债务，则集团中其他饭店的资产就得不到保护，有可能被用来偿付债务。其次，由于数家饭店属于同一家饭店集团，在计算所得税时须将所有饭店的利润加在一起计算，若按递进法计算所得税，则缴纳的税率往往较高。

2. 控股形式

控股形式是指饭店集团中母公司为控股公司，子公司饭店属于母公司饭店集团的成员，但它本身又是一个独立的企业，具有独立的法人地位。母公司在子公司的全部资产以股份计算，母公司按股份比例分享子公司的盈利。这种形式的优点是风险小，一旦某一子公司饭店经营失败，母公司最大的损失只是投入子公司的股份。

3. 租赁形式

有些饭店集团采取在本国或他国租赁饭店进行管理的方法，使其连锁规模不断扩大。被租赁饭店的所有权不属饭店集团，但由于饭店集团拥有其经营权，该饭店便成为饭店集团的一员。此外，也有些饭店集团将自己拥有的某些饭店租赁给其他饭店公司经营，但要求该公司按原饭店集团的名称和经营方式、规格要求来经营，该饭店仍为该饭店集团的一员。上述两种情况中，饭店的所有权和经营权分开，饭店的所有者和经营者分属于两个独立的饭店公司。经营公司承担经营风险，一旦经营失败，由于饭店大多数固定资产属于所有者公司，可以受到保护，减少了风险。

租赁经营的形式有以下几种：

1）直接租赁形式。直接租赁是指承租公司使用饭店的建筑物、土地、设备等，负责经营管理，每月交纳定额的租金。一家饭店要经营成功需要一段较长的时间，所以租赁公司要规定较长的租赁年限，以免经营公司在其经营成功之际，所有者将饭店收回。

2）分享盈利租赁形式。在饭店行业中，有许多饭店集团公司采用分享经营成果的租赁形式，所有者企业愿意将租金与营业收入和利润挂钩。以这种形式计算租金，其计算方法有三种：①按营业总收入的百分比计算租金；②按经营利润的百分比计算租金；③按营业总收入和经营利润混合百分比计算租金。一般来说，出租者企业不愿意承担风险，比较喜欢按营业总收入的百分比计算租金。

3）出售后回租租赁形式。出售后回租租赁形式是指企业在将饭店产权转让给他方后再将饭店租回继续经营。企业出售饭店产权往往出于不同的动机，有些企业拥有饭店产权但急需使用现金，便将饭店资产转变成现金；有些企业想减少风险而不愿在经营某饭店的同时拥有其产权；还有些企业依靠贷款建造饭店，负债沉重，故不想拥有产权。这些企业将饭店产权出售给另一家公司时，如果要求继续经营该饭店，这就必须签订出售-回租协议。承租经营的公司必须定期向饭店的买方交纳租金。

4. 管理合同形式

有些公司拥有饭店产权但缺乏管理经验或者不打算自己经营饭店，可以聘用饭店集团或管理公司，并签订管理合同，使用饭店集团名称，成为该集团的一员。

管理合同形式与租赁形式有些相同之处，如饭店的所有权和经营权分开，收取管理费和收取租金的方法相似。但这两种形式的性质不同，在租赁形式中，经营饭店的公司在经营上完全独立于所有者企业，饭店员工属于经营公司，它必须对员工负责。经营公司还必须承担经营饭店的风险，如果经营亏损，则亏损由经营公司承担。在管理合同形式中，管理公司是饭店产权所有者的代理人，它代理所有者经营饭店，不承担经营风险。饭店员工是所有者公司的员工，所有者公司应该向员工负责，管理公司代表所有者公司管理饭店和员工。

管理合同是一种互惠合同，对于管理公司来讲，这是一种以较小的投资扩展饭店集团连锁经营规模的方法，可使饭店集团不直接投资建设饭店或购买股份就能在世界各地扩展饭店网点。我国有不少合资饭店就是聘用饭店集团的管理公司来管理的。

5. 特许经营形式

特许经营形式是指饭店集团向其他饭店出售、转让本集团的特许经营权。近几年来，饭店业特许经营权转让不仅在美国而且在世界各地发展极快。出让的饭店集团必须有强大的实力及良好的知名度和声誉，才有可能向其他饭店出售特许经营权。受让饭店即获得特许经营权的饭店可以使用出让企业即饭店集团或公司的名称、标识、经营程序、操作规程、服务标准，并加入该集团预订系统，成为该饭店集团的一员，受让饭店须向饭店集团交纳特许经营权转让费及使用费。

课后小结

旅游饭店是指以间（套）夜为时间单位出租客房，以住宿服务为主，并提供商务、会议、休闲、度假等相应服务的住宿设施。饭店是发展旅游业的重要物质基础，是旅游创收的重要基地，为社会创造就业的机会，促进了社会消费方式和消费结构发生变化，并且带动了其他行业的发展，给所在地区带来巨大的经济效益。

世界饭店业的发展经历了客栈时期、大饭店时期、商业饭店时期和新型饭店时期四个阶段。通常根据饭店的特色及客源市场的特点、规模、计价方式、国家标准四个方面对饭店的类型进行分类。

目前，国际上采用的饭店等级制度与表示方法大致有星级表示法、字母表示法、数字表示法、文字表示法。我国自 1988 年 9 月 1 日起开始对饭店实行星级评定制度，根据饭店的设施设备和服务质量、管理水平等将饭店划分为五个等级。自 2003 年 3 月 1 日起，我国对饭店进行绿色饭店认证，绿色饭店分为五个等级。

饭店连锁经营具有经营管理、人才、资本、市场营销、技术经济、物资采购、客房预订、风险扩散等方面的优势。其主要形式有拥有形式、控股形式、租赁形式、管理合同形式、特许经营形式等。

思考与练习

1. 我国饭店的基本概念是什么？
2. 饭店业的属性是什么？
3. 现代饭店的作用都有哪些？
4. 世界饭店业的发展经历了哪些阶段？各阶段的特点是什么？
5. 1978 年以来，我国饭店业的发展经历了哪几个阶段？各阶段的特点都是什么？
6. 常见的饭店类型都有哪些？如何划分？
7. 国际上的饭店等级制主要有哪几种？
8. 试述我国饭店星级的评定规则。
9. 什么是绿色饭店？其等级划分的依据和评定方法分别是什么？
10. 现代饭店连锁经营的优势有哪些？
11. 现代饭店连锁经营的形式有哪些？

第 2 章

饭店管理理论

【案例导入】

某游客入住某饭店，在翻阅《服务指南》时，发现《服务指南》上书写的句子很有新意：

“请您用正楷全称填写住房登记表”

“请写清您房间号码”

“请您不要将客房改变用途”

“请您使用客房内保险箱”

……

他还看到床头柜上有一块写着“欢迎参加我们的环保活动”的牌子，正文说：“欢迎参加我们的环保活动，您只需在离开房间前做以下几件事：将房间的灯熄灭，关掉暖气、空调、电视、收音机；减少床单、浴巾的更换次数，节约用水。我们酒店全体同人对您为节约大地资源所做的一切表示衷心的感谢！您对环保活动有何建议，请拨分机 7. 再次对您表示感谢。”牌子的另一侧则写着“床上请勿吸烟”。

这让这位游客想起其他酒店床头柜上白底红字的牌子，上面写着“严禁床上吸烟”，后面还有一个不容忽视的大感叹号。在这家饭店里，“严禁”换成了“请勿”，使客人感到非常亲切。他一时兴起，禁不住朝四周环视，想发现其他与众不同的地方。他看到镜台上有块彩色素淡的牌子，上面写着：“为了您的方便，客房内已为您提供了备用物品，这些物品是客房备品的一部分。请您协助服务员做好房内设备、用品的保管、保养工作。如因使用不当而造成房内设备损坏和用品失少等，饭店将向您收取一定的费用作为补偿。如果您想选购，请与客房部联系。”

卫生间里，贴在梳妆镜旁边的草绿色的牌子吸引了他的目光：“在世界各地千万家饭店中所使用的床单、浴巾每天都需要更换清洗，用掉了以百万吨计的水和以吨计的清洁剂。通常我们每天都对客人的浴巾、毛巾进行换洗，如果您觉得不必要时，请将继续使用的浴巾、毛巾放到毛巾架上；如果需要换洗，请将它们放在梳妆台下的藤筐里。”

他越读越觉得字里行间充满了文明礼貌与环保意识，于是不禁拍案叫好。

［**分析**］饭店尽管都把“顾客就是上帝”作为服务的金科玉律，然而在具体细节上却常常与此相悖。例如，饭店的《服务指南》中，“必须”、“应该”，甚至是“严禁”之类的词语大可信手拈来，对“上帝”用以言辞斥之，显然有悖情理。大堂内挂着的“宾至如归”与那些“必须”、“不准”、“应该”等出现在同一家饭店，常会使人产生一种滑稽的感觉。这家饭店在这类告示中以“请”字取代那些生硬的词语，很有见识，体现了饭店对客人应有的礼貌。

另外，卫生间镜台上的那块牌子字里行间浸透着饭店待客的挚情，这段文字回避了多数饭店惯常使用的“如有损坏，照价（甚至还加倍）偿还”之类冷峻的语言。这些房内物品可能会被客人随意取走，这样就会发生不愉快的交涉、争辩。这段文字中的“如果您想选购”

等用语，内涵清楚，但不失礼貌，堪称一绝。

【学习目标】

1. 掌握饭店管理的概念、内容和基本理念。
2. 熟悉管理理论产生和发展的三个阶段。
3. 了解和掌握泰勒、法约尔的主要管理思想。
4. 了解和掌握行为科学的主要代表理论及其主要观点。
5. 了解现代管理理论的主要管理学派。
6. 熟悉饭店管理的职能和方法。

【学习重点】

1. 饭店管理的内容和基本理念。
2. 泰勒、法约尔的主要管理思想。
3. 行为科学的主要代表理论及其主要观点。
4. 饭店管理的职能和方法。

【学习难点】

1. 饭店管理的基本理念。
2. 泰勒、法约尔的主要管理思想。
3. 饭店管理的职能和方法。

饭店管理是以管理学的一般原理为基础，与饭店具体实践相结合而形成的管理科学的一个分支。饭店管理的理论渊源是管理学的各种学说和原理，但绝不是对各种学说和原理的案例注解或举例说明，它以自身特定研究对象——饭店经营活动中的管理为出发点，形成了自己独特的体系和内容。

2.1　饭店管理概述

2.1.1　饭店管理的概念

饭店管理是指饭店管理者在了解市场需求的前提下，为使饭店达到经营的既定目标而对饭店进行有效的计划、组织、指挥、控制和协调的活动过程。

饭店管理包含管理和经营两个概念，管理与经营有着互相区别的内涵。其中，管理着重于饭店内部，主要是对饭店的各种资源进行的组织、分配和利用，使饭店业务正常运转；保证和控制质量；激励并保持员工的工作积极性；通过核算工作保证达到饭店经营的经济目标等。经营则面向饭店之外，主要是进行市场调研，选择目标市场，确定饭店的经营方向和目标，研究和开发新产品，开拓客源及销售渠道，确定价格政策，进行成本、利润、产品、价格分析等。

经营和管理既有互相区别的内涵，又存在密不可分的联系。一方面，经营是管理的前提，它为管理活动的进行提出了相应的标准和要求，避免了管理的盲目性和无效性。另一方面，管理是经营的手段和保障，通过科学的管理，不仅有效地实现饭店经营的目标，而且能够提高饭店经营的效率和效益。可见，管理是经营的必备条件，管理指导经营，服务于经营；而经营决定管理，制约着管理。管理中蕴含着经营，经营中也蕴含着管理。习惯上，我们把饭店的经营管理简称为饭店管理。

2.1.2 饭店管理的内容

饭店的管理活动是以满足社会需求并实现饭店最大经济效益为目的的。

饭店是一个有多种业务部门综合而成的整体组织，各个职能部门和各种业务活动各不相同。在饭店管理中，总体的管理活动就是那些不局限于某一部门或某一业务的管理活动，它对整个饭店和每一个部门都将产生影响。

根据饭店总体管理的范围和任务，结合中职中专高星级饭店适用与管理专业教学的实际现状和需要，本书将重点阐述饭店管理活动中的以下六项基本管理内容。

1. 饭店的组织与制度设计

饭店管理的基础是组织和制度的建设，它是保证饭店正常运转的基本条件。因此，饭店管理者必须在其管理思想指导下，确定饭店组织结构，确定饭店部门的机构设置和管理层次的划分；建立饭店的领导体制，制定饭店管理的基本制度。

2. 饭店质量管理

饭店质量管理的核心是在市场营销创造顾客的基础上留住顾客。它要求饭店树立顾客导向的质量观念，开展整体质量管理活动，并进行持续的质量改进工作。具体包括依据顾客需求和质量管理与质量保证体系的要求，建立饭店各部门的服务质量标准；确定具体的操作规程、质量管理责任制，以及对服务标准的实施进行控制。

3. 饭店人力资源的开发与利用

在饭店管理的诸多领域、诸多方面中，人是最重要的资源，饭店必须将人力资源的开发和利用放在重要的位置。饭店的人力资源管理包括：通过考核和选择，对饭店人员进行科学的配备；运用激励和各种科学的奖励手段合理使用人才，并不断对员工进行科学的培训与教育工作。

4. 饭店工程与设备管理

饭店工程与设备是保证饭店正常运转的基本条件，是饭店进行业务经营活动的基础。工程与设备管理就是围绕工程与设备的运动形态和效用性能的变化而进行的选择、购置、安装、使用、维护保养和更新改造等全过程的控制活动。

5. 饭店安全管理

安全保卫工作是饭店一项十分重要的任务，它是饭店经营的必要条件。实现并确保饭店的设施、财产及顾客人身、财物的安全，是饭店管理者必须达到的目标。饭店安全管理的基础是做好安全工作的计划管理，在此基础上做好安全工作的组织管理，形成饭店安全工作的网络。

6. 饭店财务管理

饭店管理者必须学会当家理财，必须能对本饭店的财务状况做出准确的说明和评价。饭店财务管理是有关资金的筹集、投放和分配的管理工作，具体包括：通过核定必要的资金需求量，进行资金的筹集与分配；确定资金的使用；制定并实施饭店的财务会计制度；确定饭店财务处理的方式等。

2.1.3　饭店管理的基本理念

饭店管理的基本理念是饭店管理者经营管理饭店的指导思想，它起着决定性的作用。饭店管理的基本理念主要侧重以下几个方面。

1. 市场观念

饭店管理的基本理念要求管理人员具有市场意识，树立市场观念，做到了解市场、面向市场、开发市场。因此，饭店管理者须了解国内外同行业的技术水平，了解竞争对手的情况，积极开展市场调查、分析与预测，密切注意市场动向，尽可能做到饭店产品的销售与市场的需求相适应，并努力开发新的市场需求层次和需求领域，引导消费，从而取得较大的经济效益。

市场是饭店生存与发展的依托，市场机制的法则是优胜劣汰。饭店经营管理者只有树立强烈的市场意识、竞争意识、风险意识、经营开发意识、促销意识和全局意识等，才能使饭店在市场经济中立于不败之地。

2. 法制观念

市场经济是法治经济，健全的市场必然是规范化和法制化的市场。因此，饭店的经营必须以国家和上级的方针政策作为自己制定经营目标与方针政策的依据。饭店经营管理者必须牢牢树立法制观念，具有依法办企业、按合同办事、公平竞争、合法竞争的意识，具有自觉服从宏观调控的意识，具有按涉外法律和国际惯例办事的意识，使自己的经济行为和管理行为都符合商业法律和其他有关法律的规定，做到学法、懂法、用法，在法律规定的范围内实行管理。

3. 效益观念

效益是效果和利益的合称，它既包括经济效益，又包括社会效益。饭店作为一个经济组织，在其经营管理过程中，必须重视经济效益，这是饭店经营的目的之一，是饭店对社会贡献的体现，是取得和增加饭店及员工物质利益的基本条件，也是促进饭店不断改善经营管理的动力。

饭店的经济效益就是经济活动中劳动耗费和劳动占用同有效劳动成果之间的对比，劳动耗费和占用越少而创造出的价值越多，则经济效益就越好。饭店管理者在经营管理中应树立效益观念，具有经济头脑，要采取多种途径和经营方式来控制成本费用，降低消耗，合理安排人力、物力、财力等以提高经济效益。同时还要注重饭店的社会效益，尽量扩大其潜在功能，通过加强宣传、开展公关等活动，以取得社会的信赖和认可，促使潜在效益向实际效益转化。

4. 服务观念

饭店属于服务性行业，饭店为客人提供的产品主要是服务。因此，饭店管理人员应具有全面的服务观念，这是饭店的立身之本。

饭店管理的服务观念要求饭店把向客人提供令他们满意的服务视为一切工作的生命线，这是由饭店服务的特性所决定的。饭店生产的主要产品——服务，其生产、销售、消费是同时发生的，因而它不可能如其他产品一样可事先判别其质量好坏，也无法通过售后服务来弥补“产品”的不足。饭店服务的这一特性决定了饭店服务观念的重要性，也将直接影响饭店的信誉和经济效益。

树立饭店服务观念要具有为客人提供各种服务是饭店每个员工的职责的思想，具有宾客至上、一视同仁的思想，具有服务质量标准化、服务过程个性化的思想，具有优质服务、服务第一的思想。同时，管理者不仅具有为客人服务的思想，还应具有为员工、为下属服务的思想，即管理中蕴含着服务。

5. 人才观念

所谓人才，就是指具有一定的专业知识或专门技能，进行创造性劳动并对社会做出贡献的人，是人力资源中能力和素质较高的劳动者。在知识经济时代，人们越来越意识到人才的可贵。人力资源是饭店内最重要的资源，饭店间的竞争最终将表现为人才的竞争。

作为饭店管理人员不仅应具有强烈的事业心和责任感，熟悉饭店业务，通过不断地学习和培训，扩大自己的知识领域和提高管理水平，努力提高自己的思想道德素质、业务素质和心理素质等，还应重视员工的精神状态、思想道德、科学技术和专业知识水平，具有爱才、识才、选才、求才、用才、容才、护才、育才、举才的观念。

提高饭店管理人员和全体员工的素质是饭店长远建设的一项重要内容。各级管理人员树立人才观并在经营管理过程中给予充分的重视，对提高饭店服务质量、改善经营管理、参与市场竞争具有决定性意义。

2.2 饭店管理的基础理论

2.2.1 管理理论的产生与发展

饭店管理是以管理学的一般原理为基础，结合饭店本身的业务特点和管理特点而形成的一门独特的学科。饭店管理者只有了解人类管理思想的发展过程，了解饭店管理的理论来源，才能对饭店的经营活动实行科学的、有效的管理。

人类管理思想的演变过程大体经历了传统管理、科学管理和现代管理三个主要阶段。

1. 传统管理阶段

传统管理阶段又称经验管理阶段，产生于18～19世纪。1765年，英国人詹姆斯·哈格里夫斯（James Hargreaves）发明了珍妮纺织机，揭开了工业革命的序幕。机器的使用促使了工厂制逐渐替代了手工作坊。在社会生产力大大提高的情况下，工厂管理也面临着一系列新问题。例如，专业化生产条件下的众多工人之间如何协调工作；工人与机器之间、机器与机器之间如何配合；如何培训、激励及管理工人等。这些问题与手工作坊的管理是完全不相同的。在这样的背景下，管理工作中的计划、组织、控制等职能逐渐形成。同时，专职的管理人员也开始出现，从而也就形成了一定的管理思想。

2. 科学管理阶段

科学管理阶段产生于 20 世纪初至 40 年代，大约经历了半个世纪，它的诞生是管理史上的一个里程碑。

随着生产力的提高、技术进步的加快，企业规模不断扩大，这使大型企业遇到了诸如机构设置、提高工作效率和管理水平等问题。同时为了获得较高的经济利润，企业采取延长劳动时间、加大劳动强度的传统管理方法，这些激起了工人的反抗，造成了劳资双方关系的紧张。在这些原因推动下，许多管理者在归纳和总结前人的管理经验和知识的基础上，提出了比较系统的管理理论，用科学的管理代替传统的管理。科学管理理论主要有美国弗雷德里克·温斯洛·泰勒（Frederick Winslow Taylor）的科学管理理论和法国亨利·法约尔（Henri Fayol）的组织管理理论。此外，还有美国哈佛大学教授乔治·埃尔顿·梅奥（George Elton Mayo）和他的助手弗里茨·朱利斯·罗特利斯伯格（Fritz Julies Roethlisberger）提出的人际关系理论等。

3. 现代管理阶段

现代管理阶段是从 20 世纪 40 年代至今。第二次世界大战结束后，许多国家都致力于发展本国经济，科学技术得到了迅速的发展。为了提高企业的生产力和管理水平，许多学者在继承前人的管理经验和理论的同时，也应用了新的分析方法和理论来阐述管理中的相关问题，因而在管理学界内产生了不同的管理学派，呈现出“百家争鸣”的局面，极大地丰富了管理思想和管理科学。

2.2.2　典型管理理论

1. 古典管理理论

（1）泰勒的科学管理理论

泰勒（1856～1915），美国人。1911 年，他根据自己长期、艰苦的科学管理试验和理论研究，在归纳和总结英国、美国等国家前人的管理经验的基础上，发表了著名的《科学管理原理》一书，提出了一整套的科学管理思想，创建了一套较完整的理论体系和工作方法，主张一切管理都应从科学入手，从而开创了科学管理的新纪元。泰勒因创建科学管理理论而被尊为“科学管理之父”，他提出的科学管理的主要观点有：

1）运用观测分析的方法确定合理的劳动定额。

2）作业方法和作业工具的标准化。

3）实行有差别的计件工资制。

4）实行科学的职能分工。

5）科学地选择和培训工人。

6）实行例外原则，即组织管理中的集权分权原则。

泰勒简介

泰勒是美国著名的工程师和管理学家，是科学管理理论的创始人。他第一次系统地把科学方法引入管理实践，集前人管理思想和实践经验之大成，创立了科学管理，首开西方管理理论研究之先河，使管理从此真正成为一门科学并得到发展。因此，泰勒被称为“科学管理之父”并受到世人的尊敬。

（2）法约尔的一般管理理论

法约尔（1841～1925），法国人。经过长期的实践和悉心研究，法约尔于1916年发表了《工业管理与一般管理》一书，较完整地提出了企业组织管理的理论。其主要内容有：

1）企业的基本活动。法约尔认为，任何企业都有六种基本经营活动：技术活动——生产、制造、加工；商业活动——购买、销售和交换；财务活动——资金的筹措、运用和控制；会计活动——财产清点、资产负债表、成本、统计；安全活动——财产和人身保护；管理活动——计划、组织、指挥、协调和控制。法约尔将管理和生产相区分，提出工人主要掌握的是技术能力，随着组织层次中职位的提高，人员的技术能力的相对重要性降低，对管理能力的要求逐渐加大。而且，企业规模越大，所要求的管理能力也就越重要。

2）管理的职能。法约尔不仅第一次提出了管理的概念，还提出了管理五大职能学说，即计划、组织、指挥、协调和控制，这五大职能也称为管理五要素。

3）管理原则。法约尔根据自己长期的管理经验和管理理论，提出了十四项管理原则，即劳动分工原则、权利与责任原则、纪律原则、统一指挥原则、统一领导原则、个人利益服从整体利益的原则、人员的报酬原则、集中的原则、等级制度原则、秩序原则、公平原则、人员的稳定原则、首创精神原则、团队精神原则。

2. 行为科学理论

所谓行为科学，就是研究人在生产中的行为，以及产生行为的心理原因和社会原因的一门科学。它的研究内容包括人的本性和需要、行为的动机、生产中的人际关系。行为科学的主要代表人物和代表理论有：

（1）梅奥的霍桑实验与人际关系理论

霍桑工厂是美国西方电气公司在芝加哥郊外的一家制造电话交换机的工厂。1927～1936年，哈佛大学教授梅奥及助手罗特利斯伯格去该厂进行了一系列的人际关系实验以期提高生产效率，由实验结果提出了著名的霍桑实验结论，即人际关系理论，为管理理论的发展做出了巨大的贡献。人际关系理论的要点如下：

1）企业员工是“社会人”，而不是只有金钱才能刺激其积极性的“经济人”。

2）在企业中除了正式组织之外还存在非正式组织。

3）生产效率的高低取决于员工的士气，提高员工的士气在于满足员工的社会需求。

4）为了处理好人际关系，管理者要善于倾听和沟通职工的意见，激励和引导非正式组织，使员工有一定的地位参与各种决策，使正式组织的经济需求和非正式组织的社会需求取得平衡。

（2）X、Y理论

X、Y 理论也称人性假设理论，是由美国心理学家道格拉斯·麦格雷戈（Douglas Megregor）所创立的。

X理论对人性的认识：①一般人的天性好逸恶劳，只要可能就会躲避工作；②人生来以自我为中心，漠视组织的要求；③缺乏进取心，不愿负责任，安于现状，没有创造性；④容易受骗，受人煽动。基于以上对人性的认识，X理论主张在管理中必须加强监督、控制、奖惩，以迫使人们为实现组织的目标而努力工作。

Y理论对人性的认识正好与X理论相反，它的主要观点：①人的天性并不是好逸恶劳，人们对工作的喜恶取决于他对工作是否满足；②人们对自己所参与的目标能实行自我指挥和自我控制；③在适当条件下，人是能主动承担责任的；④大多数人都具有一定程度的想象力、独创性和创造力。Y理论认为管理工作应当为人们发挥聪明才智提供条件，把个人目标同组织目标结合起来。

（3）双因素学说

美国心理学家弗雷德里克·赫茨伯格（Frederick Herzberg）在其《工作的推动力》、《工作与人性》等著作中，提出了“保健因素-激励因素理论”，即双因素理论。所谓“保健因素”，就是使人们能维持工作现状方面的因素。例如，企业的经营方针、工作的物资条件、工资和福利设施、人际关系等，这些因素会影响人们的工作情绪，但它不会提高积极性。所谓“激励因素”，就是对人们的积极性起调动作用的因素。它主要指属于人们工作本身和工作内容的因素，如工作的成就感、才能的社会承认、获得成长和发展的机会等。

（4）马斯洛的需要层次论

美国心理学家亚伯拉罕·H. 马斯洛（Abraham H. Maslow）在其《人类动机的理论》、《激励与人》等著作中，把人的需要按其重要性和发生的先后次序分为五个方面，称为“需要层次论”。人的需要依次排列为：①生理上的需要；②安全上的需要；③感情和归属上的需要；④地位和受人尊敬的需要；⑤自我实现的需要。马斯洛认为，在管理实践中，应当把人们的合理需要与企业目标结合起来，在实现企业目标的同时，努力满足企业职工的合理需要。

3. 现代管理理论

第二次世界大战以来，随着现代科学技术的飞速发展、社会生产力的迅速提高，生产的社会化程度日益加强。经济组织的建立，尤其是国际市场竞争的加剧，使原来的经营管理理论和方法已不能适应新的形势需要，因而出现了许多新的管理学派，呈现出管理学派林立的局面。主要的管理学派有：

（1）管理过程学派

管理过程学派把管理看作在组织中通过别人或同别人一起完成工作的过程，因而要认真分析这一过程，从理论上加以概括，确定一些基础性的原理，并由此形成一种管理理论。管理过程学派的创始人是法约尔，代表人物是哈罗德·孔茨（Harold Koontz）。他们提出管理的基本过程是计划、组织、指挥、协调和控制。

（2）社会系统学派

社会系统学派的创始人是美国管理学家切斯特·巴纳德（Chester Barnard），他在组织理论研究方面做出了重要贡献。

巴纳德认为，社会的各级组织都是一个协作的系统，经理人员是协作系统因素中的关键因素，他在系统中的作用就是在协作系统中作为相互联系的中心，并对协作进行有效的协调，从而使系统保持运转。巴纳德还提出了作为一个协作系统应包括的三个要素，即协作意愿、共同目标和信息联系。

（3）管理科学学派

管理科学学派又称“数量学派”、“运筹学派”。它的特点是把现代自然科学和技术科学的最新成果应用于管理研究，制定管理决策的数学和统计模式，通过电子计算机等现代科技评估与优化决策。其创始人是英国物理学家布莱克特（Blackett）和美国的伯法（Buffa）。

（4）系统管理学派

系统管理学派的代表人物是美国管理学家弗里蒙特·卡斯特（Fremont Kast）、詹姆斯·罗森茨韦克（James Rosenzweig）等。这种管理理论侧重对企业的组织结构和模式进行分析，并从系统概念和特征（整体性、层次性、关联性、目的性等）出发来考察计划、组织、控制等管理职能。

系统管理学派认为，从系统的观点来考察和管理企业，有助于提高企业的效率，使各个系统和有关部门的相互联系网络更加清楚，更好地实现企业的总体目标。

（5）经验学派

经验学派又称案例学派，其代表人物是美国的管理学家彼得·德鲁克（Peter Drucker）。经验学派的主要观点：古典管理理论和行为科学都不能完全适应企业发展的实际需要，有关企业管理的科学应从企业管理的实际出发，以大企业的管理经验为主要研究对象，加以概括和理论化，向企业管理人员提供实际的建议。该学派主张通过案例研究经验，不必企图去确定一些原则，只有通过案例研究一些企业管理人员的成功经验和他们解决实践问题的方法，便可以在相仿情况下进行有效的管理。

（6）决策理论学派

决策理论学派的代表人物是美国的赫伯特·西蒙（Herbert Simon）。西蒙认为，管理就是决策，决策贯穿管理全过程，管理的过程就是在研究各种方案中做出抉择、付诸行动的过程，决策过程包括收集资料、设计方案、选择方案和执行方案四个阶段。他还提出了程序化和非程序化决策、最优化决策和满意决策的概念。

（7）权变理论学派

权变理论学派的主要代表人物是美国的弗雷德·卢桑斯（Fred Luthans）、英国的琼·伍德沃德（Joan Woodward）。

权变理论学派强调，组织行为是复杂的，环境的复杂性增加了管理的难度，管理者的实际工作取决于所处的环境条件。

（8）经理角色学派

经理角色学派是一个最新的学派，其推广得力于亨利·明茨伯格（Henry Mintzberg）。该学派主要通过观察经理的实际活动来明确角色的内容。

明茨伯格根据他自己和别人对经理实际活动的研究，认为经理扮演着十种角色，分别是：人际关系方面的三种角色（挂名首脑角色、领导者角色、联络者角色）；信息方面的三种角色（信息接收者角色、信息传播者角色、发言人角色）；决策方面的四种角色（领导者角色、故障排除者角色、资源分配者角色、谈判者角色）。

2.3 饭店管理的职能与方法

2.3.1 饭店管理的职能

所谓职能，就是功能、作用的意思。管理职能就是一个系统所具有的职责和功能。而饭店管理职能，就是指饭店管理工作所发挥的功能和作用，是管理者与饭店实体相联系的纽带，即管理者通过计划、组织、控制、指挥、协调等不同职能的作用来实现饭店的各项目标。所以，饭店管理实际就是管理者科学地执行管理职能，它贯穿饭店管理的全过程。

从旅游饭店的经营管理过程看，其主要经营管理职能可以概括为以下五个方面。

1. 计划职能

饭店管理的计划职能，主要是指确定饭店性质、方针、布局、经营目标，以及拟定实现经营目标的途径和方法的管理活动。计划职能是饭店管理的首要职能，它发生在其他职能之前，又要统驭其他职能的发挥，因而也是饭店管理中最主要的职能。

目前，饭店的计划职能主要包括预测、决策和计划三个主要内容。其中，预测是决策的基础，决策是行动的基础，决策的结果形成计划。所谓预测，即进行市场调查、分析和研究，对市场的现状及发展趋势做出预测，并提出可供参考的系统性资料。所谓决策，即在预测的基础上制定饭店的经营目标，并对实现目标的有关重大问题做出选择和决定。各饭店根据涉及的范围和对象的不同，可将决策划分为三种类型：一是战略决策，即饭店对经营目标、饭店性质、发展方向及饭店的方针、政策、部署、布局等的决策；二是管理决策，即为饭店管理中各种管理问题确定内容、方式和模式，确定管理的目标的决策；三是业务决策，即对饭店内各种经营业务的内容、形式、种类、规格、程序等的决策。所谓计划，即决策方案实施的具体化。科学的决策只有通过计划，才能使决策目标变成饭店各部门、各单位及各员工的具体奋斗目标。

在饭店管理水平日益提高的今天，计划职能使饭店的经营管理活动更有方向性、目的性和自觉性，同时它又是检查和衡量成绩的标准。

2. 组织职能

饭店管理的组织职能，主要是指对实现饭店经营目标的各种经营要素进行组合、配置的活动过程。组织职能是实现计划职能的手段和工具，是有效管理的基础，它既是饭店管理的一个重要职能，也是体现饭店管理人员能力的一个重要方面。

饭店的组织职能包含两个方面的含义：一方面是指饭店的组织结构和组织管理体制，如饭店组织机构的设置、各管理层次的职责权限、人员的分工及规章制度的制定等；另一方面是指科学合理地组织和调配饭店的人力、财力、物力，形成接待能力，实现饭店的计划目标。这两个方面的含义是同时并存而发挥效用的。

3. 指挥职能

饭店管理的指挥职能，主要是指管理者凭借饭店组织赋予的权力和权威，对被管理者发出指示或指令，使之服从决策者的意志并付诸行动的活动过程。指挥职能是保证饭店正常经营、实现饭店多项计划目标不可缺少的条件，是管理的直接体现。

饭店管理的指挥职能，根据管理者所处的职位、业务对象、指挥状态和层次的不同，可以分为三大类型：一是饭店决策指挥，即饭店最高管理层以整个饭店为对象进行的全局性的指挥；二是部门决策指挥，即饭店针对各部门的实际情况实施的指挥；三是业务指挥，即针对具体业务进行的指挥。管理者在执行指挥职能时应充分注意两个重要因素：一个是饭店的决策计划，另一个是管理者个人的素质。指挥无非是这两者的融合。因此，指挥者必须熟悉饭店业务，遵循饭店的经营规律、规章制度、服务规程等，同时要注意提高自身指挥的科学性、艺术性，提高指挥能力，在指挥过程中，尽量避免个人的感情色彩，切忌感情用事，不得瞎指挥。

饭店指挥最有效的方法是实行逐级管理逐级负责制，每级都应有职权。指挥者不仅要熟悉有关业务知识，更要有敏锐正确的分析力和判断力，要具备统观全局的能力，遇事冷静、沉着，凭借娴熟的技巧，当机立断、逢凶化吉。

4. 协调职能

饭店管理的协调职能，主要是指管理人员通过对饭店经营中不同业务之间的调整联络等活动，使各部门、单位的活动互相衔接、和谐一致的过程。饭店中没有专门部门负责协调职能的执行，但事实上，饭店管理的其他职能中都包含协调的内容。因此有的管理学家称协调职能为“管理中的管理”。

协调职能对现代化饭店来说是十分必要的，因为只有当饭店各部门、各岗位、各员工都能围绕饭店整体目标实施管理、提供服务，并且合理分工的时候，才能使饭店与部门的各项目标一一实现。而协调正是以饭店的决策目标为基本出发点，使各部门各业务活动互相配合、互相衔接、互相制约，互相在责、权、利等方面形成有节奏的平衡，达到局部与整体的和谐一致。

饭店管理的协调职能有很多内容，它渗透到饭店管理的每个环节、每个方面。从整个饭店管理的角度看，协调职能可以分为三大类型：一是计划协调，是指把饭店的总目标和各部门的子目标相互平衡与衔接，对各种目标、指标予以规定，对完成目标、指标所需的资金、物资、人员及具体业务安排进行协调与平衡；二是业务协调，是指业务进行过程中的协调，旨在使各有关部门与岗位按整体衔接组合的要求运作；三是公关协调，主要是指饭店与社会各方面、政府各部门等外部环境的协调，以及饭店与宾客之间通过协调使供求双方相互融合，以适应宾客的需要。饭店的各业务部门、各业务层次的人员在协调业务的过程中应逐步强化主动配合、自我调节的意识，强化协作精神，增强团结，从而使协调更积极、更有效。

5. 控制职能

饭店管理的控制职能，主要是指管理者根据饭店内外的信息，按饭店计划目标和规章制度对饭店经营活动进行监督、检查、分析、调节，使之不发生偏差而依照正常的轨道进行，以达到预期目的的管理活动。控制职能对其他管理职能起着综合作用，它可以使计划制定得更切合实际，可以使指挥工作更有力量，可以使协调工作得以顺利进行。因此，控制职能在饭店管理中显得特别重要。

实行控制须经过三个步骤：制定标准、实绩与标准的偏差分析、采取的纠偏措施。三个步骤缺一不可。没有标准，就没有衡量的依据；不了解偏差，便无法知道变化的形势；没有纠正偏差的措施，管理活动便失去控制。

饭店控制职能的方法有多种，按控制的过程可分为预先控制、现场控制和反馈控制；按控制的内容可分为经营控制、预定控制、质量控制、成本控制、财务控制等；按控制的方法可分为目标控制、过程控制，等等。无论采用哪种控制方法，都必须有严格的规章制度、明确的责任、定量的指标、系统的检查及准确的统计和会计核算，才能真正发挥控制职能的作用。

饭店管理的五大职能是既互相联系、互相融合，又互相制约和补充的有机整体。管理者应熟悉自身业务，懂得饭店服务的全部知识，才能有效地执行管理职能。若每个管理者都能科学地自觉地执行管理职能，饭店管理也就会显得井然有序。

2.3.2　饭店管理的方法

饭店管理的方法是指为实现饭店管理职能、达到管理目标、保证饭店经营管理活动顺利进行的工具和手段。管理方法是在管理实践的需要中产生和发展的，其实质就是把人们在管理方面的主观活动同客观规律的要求及事物发展的趋势协调起来，把对自身和对外界事物的支配建立在客观规律的基础上，以实现这些规律的要求为手段来达到自己的目的。

饭店管理的基本方法主要有以下几种。

1. 经济方法

经济方法是指运用价格、成本、利息、利润、工资、奖金、经济合同、经济罚款等经济杠杆，用物质利益来影响、诱导饭店员工行为的一种方法。经济方法的特点是利用经济杠杆的作用，来影响被管理对象的切身利益，产生一种间接的强制力量，迫使被管理对象按经济规律办事，采取与管理目标相一致的行动，而不是直接规定任务或限制活动范围。所以，经济方法的实质是贯彻物质利益原则，从物质利益上处理好国家、集体、个人三者的关系，从而有效地调动多方面的积极性。

但是，经济方法作为一种强调贯彻物质利益的方法，具有一定的局限性。因此，不能依靠它来解决饭店经营管理中许多需要严格规定或立刻采取措施的问题，它不是在任何情况下都是有效的，过分地运用这种方法会带来一定的盲目性和自发性。

2. 行政方法

行政方法是指依靠饭店各级行政管理机构的权力，通过命令、指示、规章、规程及具有约束性的计划等行政手段来管理饭店的方法。其特点是针对一定的情况做出意义明确和内容具体的决定，传达给执行者。这种决定对执行者具有强制力，通过权威和服从的关系，直接对被管理对象发生影响。

运用行政方法管理饭店的日常经营活动，具有快速、灵活、有效的特点。但是，这种方法绝不是强迫命令、个人专断、官僚主义和瞎指挥。

3. 法律方法

法律方法是指以法律法规及具有法律法规性质的各种行为规则为管理手段，调节饭店内外各种关系的一种方法。其作用是通过法律方法，可以保证建立稳定的社会经济秩序，使饭店的经营活动得以正常进行，使国家、饭店和个人的合法权益得到有力的保障。法律为饭店及其员工规定了应当遵守的行为规范，为饭店制定具体的规章制度和管理办法打下了基础。

4. 数学方法

数学方法是指运用数学概念、理论和方法，对研究对象的性质、变化过程及它们之间的关系进行量的描述，利用数量关系和建立数学模型对饭店的经济活动进行管理的方法。

20 世纪 50 年代末以来，随着电子计算机的产生和普及，运筹学方法被广泛运用于企业管理中。饭店管理者可以通过运筹学中的规划论、对策论、排队论、网络分析、投入产出法等原理，来解决饭店日常经营活动过程中各种不同性质和特征的问题。

5. 社会学、心理学方法

社会学方法是指协调处理人与人之间的关系，调整和改善饭店与社会关系的方法。它主要是借助社会学的研究成果与方法，从社会利益出发去调节人们的积极性。例如，饭店可以通过开展劳动竞赛等方法，提高员工的工作积极性。

心理学方法是指运用心理学的理论与方法，分析了解饭店员工群体与个体的心理活动，按照人们的心理规律进行管理的方法。运用心理学方法进行管理，就是通过研究人的不同心理活动，运用各种思想工作方法去影响和改变饭店员工的行为动机，使之符合饭店目标的要求，把实现饭店目标变成饭店员工自己的行动。

课后小结

饭店管理是指饭店管理者在了解市场需求的前提下，为使饭店达到经营的既定目标而对饭店进行有效的计划、组织、指挥、控制和协调的活动过程。

饭店管理的基本内容包括饭店的组织与制度设计、饭店质量管理、饭店人力资源的开发与利用、饭店工程与设备管理、饭店安全管理及饭店财务管理。

现代饭店经营管理的基本理念主要有市场观念、法制观念、效益观念、服务观念、人才观念。

管理理论的产生与发展经历了传统管理、科学管理、现代管理三个阶段。古典管理理论的代表理论有泰勒的科学管理理论和法约尔的组织管理理论；行为科学理论的代表理论有梅奥的霍桑实验与人际关系理论，X、Y 理论，双因素学说及马斯洛的需要层次论；现代管理理论主要有管理过程学派、社会系统学派、管理科学学派、系统管理学派、经验学派、决策理论学派、权变理论学派和经理角色学派。

饭店管理具有计划、组织、指挥、协调、控制五大职能，其管理方法有经济方法、行政方法、法律方法、数学方法及社会学、心理学方法。

思考与练习

1. 饭店管理的基本概念是什么？
2. 在饭店管理活动过程中，经营与管理的区别与联系是什么？
3. 饭店管理的主要内容包括哪些？
4. 饭店管理的主要观念有哪些？
5. 企业管理理论的产生与发展经历了哪几个阶段？
6. 古典管理理论的代表人物都有哪些？其各自的理论观点是什么？
7. 行为科学理论的代表理论都有哪些？其主要观点是什么？
8. 现代管理理论包括哪些主要学派？
9. 饭店管理的职能是什么？
10. 饭店管理的基本方法有哪些？

第3章 饭店组织与管理制度

【案例导入】

A饭店过去是一家市政府所属的高级招待所，经过更新改造以后升为四星级饭店，但饭店的组织机构基本上沿袭了招待所的模式。为了加强销售工作，饭店增设了公关销售部。但是由于过去销售工作由客房、餐厅和各业务部门分别去做，所以这一格局并未打破。这样便出现了饭店所有部门都有销售指标，各个部门一同出去进行推销的局面。有时为了争取同一个客户，各部门轮番争抢，出现内部竞争。这种状况令有些客户莫名其妙，他们认为如此混乱的管理不可能造就良好的服务，因此打消了与A饭店合作的念头。

［**分析**］在销售部，每个人的工作都由销售额目标决定，只要你能完成定额，无论找什么客户都行。结果造成这位销售人员前两天刚来，而另一位销售人员又登门推销，而且每个销售人员的报价并不完全相同，弄得客户不知所措。另外，由于经常出现内部竞争，致使销售部与其他部门之间、销售部内部员工之间，经常因为争客户而发生矛盾，影响了饭店内部的协调和合作。

【学习目标】

1. 了解饭店组织管理的主要内容及机构设置的基本原则。
2. 了解饭店组织结构的层次及常见的饭店组织结构形式的优缺点。
3. 了解饭店组织机构的设置。
4. 理解并掌握饭店制度的含义、类型，饭店的基本制度的内容及基本要求。

【学习重点】

饭店组织与管理制度的内容及要求。

【学习难点】

熟悉并掌握饭店组织与管理制度的内容及要求，在今后的工作中能学以致用。

饭店组织是指饭店的组织结构和管理体制、各管理层次的职责权限、管理和作业的分工协作、饭店管理的规章制度等。

3.1 饭店组织管理概述

3.1.1 饭店组织管理的内容

组织管理是指对实现企业目标的各种组织要素（人员、职位、职责、关系、信息）和人们在经济活动中的相互关系进行组合、配置的活动。组织管理是饭店管理中的一个重要职能。

有效的经营活动必须依靠良好的组织体系，通过高效率的活动来发挥其各项管理职能。

饭店组织管理是“先框架、后实体，规章制度为管理”。确定饭店组织结构的框架后，就要建设组织的实体，即确定饭店组织管理的具体内容。

饭店业务内容较多，各业务内容又不相同。概括地说，饭店组织管理的主要内容如下：

1）根据饭店的实际情况和计划所定的目标要求，建立合理的组织机构并进行人员配备。

2）按饭店业务性质进行分工，确定各部门和各岗位的责、权、利关系并予以监督。

3）明确饭店各项工作上下级之间、同级之间及个人之间的隶属和协作关系，形成饭店的指挥和工作体系。

4）建立并健全各种规章制度，使饭店组织能得到最大发挥，保证饭店计划的完成。

3.1.2 饭店组织机构设置的基本原则

1. 组织形式要适合经营的需要

组织形式要为饭店的经营服务，从饭店的业务特点出发，根据饭店业务运转的需要确定饭店的管理机构和组织结构。

2. 组织形式要服从效益目标

为了达到效益目标，饭店的组织形式要以能产生最佳效益为原则。为了饭店的效益，饭店在组织管理上，首先要根据跨度原则和实际需要确定饭店的组织层次；其次要按需设岗；最后要精兵简政、精简人员。

3. 组织形式要适合业务运转的需要

根据市场、决策目标、饭店业务情况，把饭店业务合理分成几大类，把内容、性质相同的业务划为一类，并根据经营需要，妥善地确定部门的归属。部门的形成构成组织管理中饭店的横向结构，此外还有纵向结构。纵向结构一是要按饭店的规模来确定各部门层次的划分，二是要确立各个层次的组织跨度。通过饭店横向结构和纵向结构的合理组合，从形式上形成饭店的组织结构，保证组织的高效率。

4. 饭店的组织路线要为目标服务

就饭店来说，用人就是饭店的组织路线，即“德才兼备，以德为重”。饭店处在激烈的市场竞争环境中，现有的饭店不仅仅有效益好坏的问题，而且有生存问题，它要靠人去营造生存空间，然后再由人去创造效益。为了饭店的经营目标，必须选拔那些经过考验的德才兼备的人员到管理岗位上来。饭店在管理人员时应坚持的标准是“本质好、会管理、懂业务、自身素质好”。以饭店利益为重，克服自我，选拔人才。饭店要有一套用人的竞争机制，有一套人才选拔的方法，使优秀人才都能脱颖而出。“有德有才要重用；有德无才可小用；无德无才自食其力；无德有才坚决不用。”这曾是一位成功的企业家的用人准则，也许会给我们一定的启发。

5. 等级链和指挥统一原则

饭店作为一个组织系统从上到下形成了各管理层次，从最高层次的管理者到最低层次的管理者之间组成了一条系统结构的等级链。这个系统结构链条反映的组织特点：第一，它是有层次有等级的；第二，每一条链上的各环是垂直而相互联系的，所有的链都连接于最高一环——总经理。这个链条结构是一条权力线，是发布命令、指挥控制、信息反馈的途径。从等级链的原则出发，也引出了组织管理中的一些基本原则。

（1）权力和责任原则

等级链是一条权力线，每一环的层次上都有相应的权力。在一条链上，上一环摆动，下连的各环都要跟着摆动，每一环的摆动都受上一环的牵制，这就形象地表明一个组织中的各部分和个人应服从统一意志才能做到组织运行的有序。要使组织服从统一意志，必须建立管理者的权力和树立管理者的权威。管理者的权力应由组织给予明确规定。各级管理者拥有权力也应担负相应的责任。饭店组织的要求是把责任明确地落实到人，什么责任该谁负、谁该负什么责任都应该很清楚。

（2）服从命令原则

等级链是传达命令的通道，命令顺畅则链条系统和谐。如果命令不被服从，链条结构在某一环上会发生断裂而殃及以下各环和整个系统。由此，饭店强调在组织上必须服从命令。由于饭店业务的机动性和随机性比较大，个人行为的机动性和随机性也比较大，因此服从命令的要求比其他行业更高。

（3）命令统一原则

1）从最高管理层到最低管理层的命令的精神应保持一致，但对命令不能只是简单的复述，而应该由执行者根据自身环境的具体情况给予发挥和具体化。

2）从等级链看，链环是垂直且一环扣一环，没有脱节，也没有三角扣。所以，饭店的命令不仅要层层下达，而且应该是指挥者直接向下属下达而不是越级指挥，即管理者在下达命令时不得“串岗”。

3）现代组织要求饭店每个员工只有一个顶头上司，他只应听命于这位顶头上司。

6. 管理跨度与授权原则

管理跨度是指一个管理者能够直接而有效地管理的下属人数。在饭店组织设计中，必须根据各项工作的性质，管理人员的知识、能力和精力，以及下属人员的素质确定合理的跨度。根据国内外的实践，管理跨度的最佳人数为 6～8 人。

授权原则是指饭店组织根据组织宽度而分成多个管理层次，每个层次的管理者要对目标、对上司、对下级负责，他要管理在他管理宽度范围内的事务，所以他就要拥有权力。当组织在确定了各管理职位后，也应当同时确定该职位所拥有的权限。授权，是正式组织的授权，一部分由制度给予明确规定，一部分则由上司在职权范围内以一定的形式授予。权力和职位应相称，授权过大或过小都是对权力的误解。

授权是为了有效管理，管理是为了饭店的目标，权力绝不应成为牟取私利的手段。对管理者的权力应该有制约手段和制约机制。对饭店最高管理层可由监事会、董事会、党组织、职工代表大会等来制约，同时在饭店最高管理层中各成员相互之间设立监督制约机制。各部门经理的权力一方面受上级的检查监督和制约，另一方面应受到相关职能部门的监督和制约。同时，部门经理的权力应受到本部门员工的监督和制约。所有对权力的监督和制约都应有相关的制度给予规定，真正做到权力不可无限膨胀。如果饭店管理者在他管辖的范围内权力不受到约束而可以为所欲为，就为腐败和堕落提供了温床。

7. 饭店组织的系统原则

系统理论认为一个系统最本质的要素是它的“组织联系”，组织联系形式的不同就形成了组织系统之间的区别。饭店是以宾客的旅居生活为纽带形成系统内的组织联系。从这个特点出发确定了饭店组织的系统原则。

1）强调组织目标。组织是为目标而存在的，一个组织应有一个统一目标。饭店的统一目标是饭店的整体效益，即整体的社会效益和经济效益。为了整体目标，饭店各部分的局部利益要服从整体利益，必要时，采取牺牲某些局部的最优方案以保证整个系统的最优方案。

2）各部分的目标和责任。根据组织对任务分配的功能，饭店要把总目标进行分解，成为各子系统的分目标。分目标要明确，分目标和总目标的关系同样要明确。饭店的组织系统、目标系统要和经济责任制挂起钩来。目标—责任—利益分配应一致。

3）组织的均衡性。饭店的稳定状态在于组织结构的均衡、工作量和任务的均衡、服务质量的均衡、效益的均衡。组织的均衡性在于组织设计和业务设计要有均衡性，信息系统的设计要有联系性和合理性，员工的业务素质和定编要有均衡性，业务的运转要有管理者实施组织职能，使业务运转和谐协调。均衡不是平均，而是指相互间的协调一致。当然，均衡是有时间性的，它不可能是永久性的。因此饭店在组织管理中要根据业务量的变化和决策的变化，合理地调配和组合饭店的各种资源及生产要素，使组织始终处于较佳的均衡状态之中。

8. 团结一致的原则

饭店目标的实现要靠饭店全体员工的团结一致和万众一心。饭店是依靠上下团结而形成的合力把组织推向目标的。组织是一个系统，饭店组织要把系统中的各部分、各种资源拧成一股力量指向目标，成为一种和谐的矢力，减少摩擦力，消除反作用力和其他方向的力。因此，饭店内部要团结。但团结是有原则的，要以目标为准则，以正气为前提。饭店在处理不团结问题时要分清是非，坚持真理，批评、纠正错误，使饭店的团结成为一种风气。

要使饭店组织能真正团结一致，做到长治久安，一方面要加强企业文化的建设，另一方面要有组织保证：第一，从道德观念上确定每位员工的人格尊严观，以人格力量建立起人与人之间的正确关系，互相尊重、互相关心，并以此来规范和自我约束个人的言论和行动；第二，以制度形式界定破坏团结的言论行为，并有相关的处罚手段；第三，各级管理人员应在组织团结一致方面起模范表率作用，同时做好工作，消除不团结的隐患，对发生的不团结现象则应以高度的责任感及时处理纠正。

3.2 饭店组织结构

3.2.1 饭店组织结构的定义与特点

饭店的组织结构是指为了有效地实现饭店的经营目标而建立的一种规定员工之间相互关系和职责范围的权力性组织结构。它是饭店内部建立的组织管理体系的结构，是饭店中各部门及各层之间相互关系的模式，是饭店组织管理中最重要的组成部分。设置怎样的饭店组织结构，将直接影响饭店的经营，影响饭店目标的实现。

在这一定义当中，我们可以看出，饭店组织结构具有以下三个方面的特点。

1）涉及范围广。饭店组织结构的设置，涉及饭店的全体员工、各个部门，从这一点上可以看出饭店组织管理工作的复杂性。

2）权责分明。饭店组织机构的职务分工是以其在饭店的权力和具体责任为基础而进行的，所以在组织结构制定之初，就决定了其权责分明的特性。

3）具有整体性。饭店组织结构是一个完整的职能体系，对饭店的各个部门的全部组织机构进行了统筹安排，具有整体性和全局性的特点。

由此可知，饭店组织结构的设置，是饭店权责分明的关键所在，是饭店管理的具体表现形式。它在饭店组织管理中处于核心地位，是实现饭店战略和经营目标的重要保证。

3.2.2　饭店组织结构的层次

饭店组织结构的层次通常采用四级管理体制，即梯形管理体制，具体包括以下四层。

1. 决策层

决策层是饭店的最高管理阶层，是饭店的最高领导者和决策者，一般由饭店的总经理、副总经理等组成。决策层的主要职责是负责制定饭店的经营方针，确定和开拓饭店的客源市场，对饭店的重大业务问题做出决策，决定饭店的重要人事任免等。

2. 管理层

管理层一般由饭店的中层管理者，如部门经理、助理经理等组成，在饭店中起着承上启下的作用，是完成饭店经营目标的直接责任承担者。管理层的主要职责是组织实施决策层的决策，制订本部门的工作计划，督促检查下级员工的工作，在本部门的业务范围内做出正确的管理决策，进一步具体地安排各部门的工作。

3. 督导层

督导层也叫执行层，由饭店中担任基层管理工作的人员，如主管、领班等组成。督导层的主要职责是执行部门下达的工作任务，指导操作层的员工完成具体的工作。他们直接参与饭店服务工作和日常工作的检查、监督，保证饭店正常运转的顺利进行。

4. 操作层

操作层由饭店服务人员和其他部门一线工作的员工组成。操作层的主要职责是按照饭店规定的服务程序、规范、标准来实施具体的服务，保证服务质量。

3.2.3　饭店组织结构的形式

饭店组织结构的形式是指饭店内部所建立的组织管理体系的结构，是饭店中各部门及各层级之间相互关系的模式。它包括组织图、职位系列、工作说明书、规章制度、权力关系体系、沟通网络、工作流程等。组织结构决定着所有各级管理人员的职责关系，是组织最重要的组成部分，也是实现企业目标的前提条件。根据饭店具体情况的不同，其组织形式也有不同。合适的结构形式的选择，有利于饭店经营管理过程中资源的利用和效率的提高。下面简单介绍几种常见的饭店组织结构形式。

1. 直线制

直线制是一种最早、最简单的组织结构形式，又称层级制、金字塔制、军队式组织、直线式组织。它是指饭店各部门和岗位按照纵向系统直线排列，从上至下，各级只服从一个领导的指示命令；从下至上，各级只向一个领导请示。直线制组织结构的基本形式如图 3-1 所示。

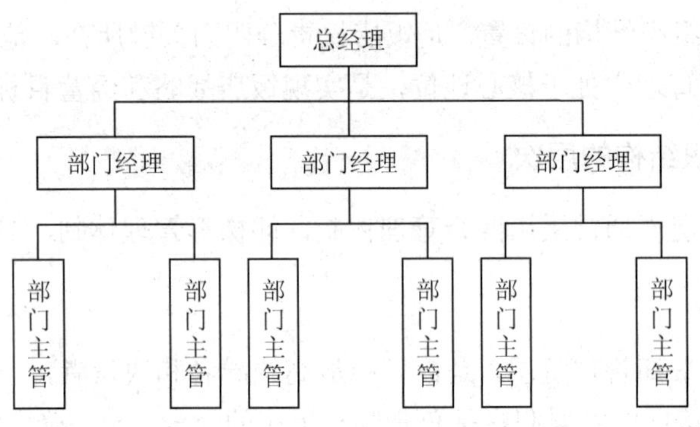

图 3-1　直线制组织结构形式

1）直线制的特点：从最高层到基层，自上而下建立垂直领导关系，不设立专门的职能机构。

2）直线制的优点：结构简单，决策迅速；权责分明，责任心强；权力集中，命令统一，信息沟通简捷，有利于统一指挥，提高组织效率。

3）直线制的缺点：各级管理人员事必躬亲，负担较重，不利于集中精力研究企业发展的重大问题；由于它把管理职能都集中在一个人身上，所以要求管理者必须具有全面的知识和才能，而事实上在现代化的饭店里是很难办到的；集权过多，缺乏横向联系，也不能灵活、迅速地应付突发事件。

直线制组织结构形式只适用于产品单一、规模较小、业务单纯的小型饭店，以及现代化大型饭店部门以下的基层管理之中。

2. 直线-职能制

直线-职能制又称混合制、生产区域管理制，在饭店业中则把它称为“业务区域制”。它是以直线制控制严密为基础，吸取职能制中充分发挥专业人员作用的优点综合而成的一种组织结构。目前我国大多数饭店普遍采用这种组织结构形式，如图 3-2 所示。

1）直线-职能制的特点：把饭店所有的机构和部门分为以下两大类。

一类称业务部门。业务部门从概念上来讲可以独立存在并有自身特定的业务内容。业务部门按等级链的原则进行组织活动，实行直线指挥，饭店的前厅部、客房部、餐饮部、商品部、娱乐部、工程部等均属于业务部门。

一类称职能部门。职能部门不能独立存在，而是为业务部门服务、执行自身某种管理职能的部门。职能部门是按分工和专业化的原则执行某一管理职能。职能部门执行专业管理职能，发挥职能机构的专业管理作用和专业管理人员的专长。饭店人力资源部、安全部、财务部等均属职能部门。

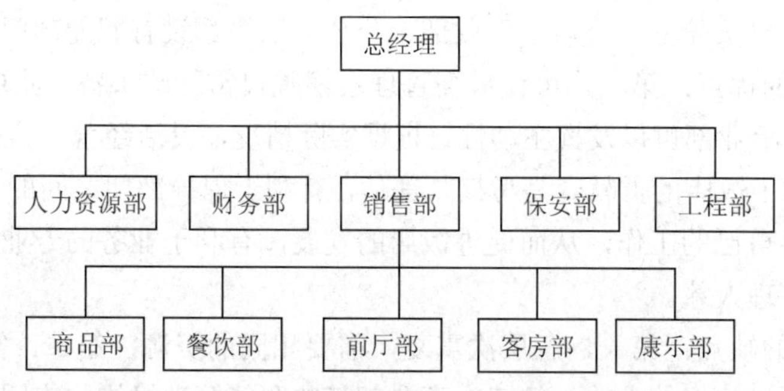

图 3-2　直线-职能制组织结构形式

2）直线-职能制的优点：第一，既有利于整个饭店的统一指挥，又能充分发挥职能部的专业化管理的作用，从而提高经营管理水平；第二，有利于加强直线行政领导的权威，提高饭店经营活动的有效性和高效性；第三，有利于突出饭店经营管理的主次，发挥管理人员的作用，提高饭店专业管理水平；第四，有利于培养有较强行政指挥能力的综合管理人员，特别是饭店总经理、部门经理层的管理人员。

3）直线-职能制的缺点：直线部门和职能部门容易出现脱节，当职能部门和直线部门之间目标不一致时，容易产生矛盾，致使上层主管的协调工作量增大，同时整个组织系统的适应性较差。

3. 事业部制

事业部制组织结构形式，又称为部门化组织结构形式，是指在饭店总经理统一领导下，把饭店各经营部门划分成若干相对独立的经营单位，授予相应的权利，独立从事经营活动，是一种实行集中决策、分散经营的分权组织。这种组织结构形式是一种适用于大型饭店、饭店管理公司和集团化经营的组织结构形式，它由美国通用汽车公司经理艾尔弗雷德·斯隆（AIfred Sloan）在 20 世纪 20 年代创建，是一种适用于饭店企业集团公司的分权式组织结构形式，实行集中决策下的分散经营。其组织结构的基本形式如图 3-3 所示。

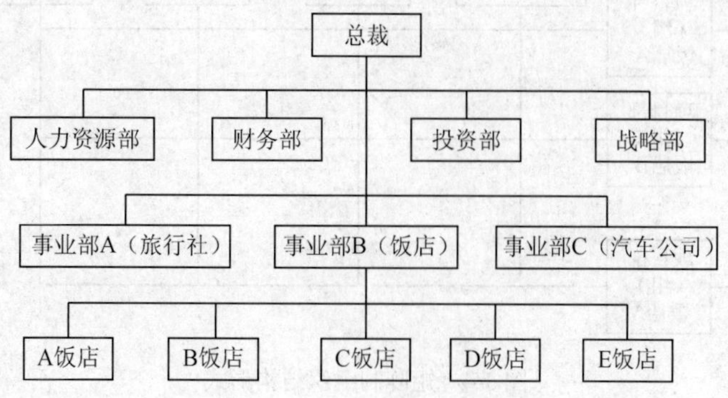

图 3-3　事业部制组织结构形式

1）事业部制的特点：在总公司与各产业之间增设一级组织，即事业部或分公司。事业部有按产品种类划分的，也有按地区划分的。这种结构的特点是集中决策，分散经营。总公司总体指导各个事业部，主要控制财务和人事等。总裁之下设若干副总裁，每人分管若干事业部。事业部经理在业务经营方面有相当大的自主权，可以在公司总方针规定的范围内独立经营，独立核算，自负盈亏。公司、事业部、分公司三级都设有职能部门。

2）事业部制的优点：第一，可使最高管理层摆脱日常行政事务，集中精力研究公司的战略方针；第二，事业部可以发挥主动性，根据实际情况，灵活经营；第三，按产品性质划分事业部，部门对于饭店的贡献容易考核与评估，有利于倡导部门之间的合理竞争，有利于促进不同部门改善自己的工作，从而促进饭店的发展，有利于业务的专业化与协作；第四，有利于培养全面管理人才。

3）事业部制的缺点：第一，各层次重复，需要相同的资源；第二，需要管理人员多，特别是具有全面领导才能的人才；第三，事业部某些职能管理机构与集团总部的机构重叠，导致管理行政费用的增加；第四，各事业部容易产生独立倾向，甚至相互竞争，忽视整个公司利益，影响饭店经营活动的统一指挥。

4. 矩阵制

矩阵制有横、纵两套管理系统，即项目系统和职能系统。项目系统由项目部或项目组组成，各职能部门的人员根据工作需要参加各项目部（组）的工作，对各项目部（组）进行专业指导。职能部门的人员对项目部（组）工作没有指挥权，但是参加某项目的职能部人员在一定时间内属于该项目部，由该项目部经理统一指挥。项目一旦完成，职能部门人员又重新回到各职能部门，等待下一个项目的派遣。当大型饭店集团公司实行跨地区、跨国界发展时，常采用这种组织结构形式，如图 3-4 所示。

1）矩阵制的优点：公司的整个系统都在统一领导之下，但又能发挥各项目部（组）的优势特长和积极性。

2）矩阵制的缺点：协调管理复杂。

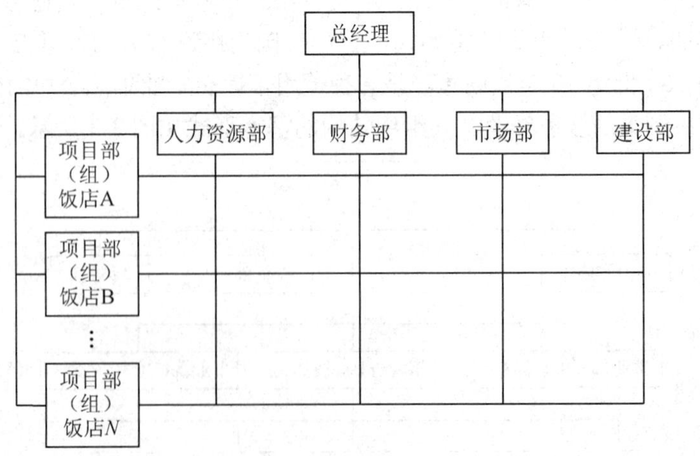

图 3-4　矩阵制组织结构形式

知识链接

真正的创新组织的九个特征

1）预测未来走向和客户今后的需求。

2）捕捉新想法。

3）保持技术的领先性。

4）用新的眼光看待原有的事物。

5）快速浏览，接受创新概念。

6）回报员工创造性的贡献。

7）精简臃肿的组织机构，减少交流的障碍，促进决策的快速制定。

8）以紧凑的项目管理杜绝、减少发展的障碍。

9）健全的运行体制能够保证创新想法变成日常商业运作的一部分。

3.2.4　饭店组织机构的设置

现代饭店组织机构的设置和职权分配，由于各饭店的规模和性质不同，不必强求统一，但基本上的要求是一致的。一般说来，饭店部门机构设置的特点是根据饭店为宾客提供的各种饭店产品和服务来设置。

按照饭店各部门的性质，可将饭店划分为营业部门、职能部门和其他机构。

1. 饭店营业部门

（1）前厅部

前厅部也称总台服务部，是饭店经营活动的中心。前厅部的工作始终贯穿宾客与饭店接触、交流的全过程。其通过预订客房、办理登记手续、安排住宿房间、分发行李、代客储存物品、办理邮电业务、外币兑换、结账等，为宾客提供全面的服务。因此，前厅部人员是“饭店的代表”。前厅部运行和管理的水平不仅反映了整个饭店的工作效率和服务水平，而且直接影响着饭店的经营收益。此外，前厅部还担负着联系和协调饭店各部门工作，并为饭店最高决策层提供决策信息和数据的重任，所以，前厅部是饭店组织管理的关键部门和中心环节。

前厅部的主要机构有预订处、接待处、问讯处、行李处、电话总机、收银处等。

（2）客房部

客房是宾客住宿和休息的场所，也是饭店设施的主体部分。随着现代化旅游业的发展，宾客对客房环境、住宿设施、清洁卫生设备及服务质量等都提出了很高的要求。因此，为宾客提供一个整洁、舒适、安全的房间，是客房部的主要任务。客房服务质量和管理水平的好坏，不仅关系到整个饭店的声誉和经营效果，而且直接影响饭店的经营收入和效益高低，因而必须妥善地做好客房部管理，不断提高饭店的经营管理水平。

客房部的主要机构有客房主管部、楼层服务组、公共区域服务组、棉织品组、洗涤组等。

（3）餐饮部

餐饮部是饭店又一个主要创收部门，虽然其创收能力通常小于客房出租的总收入，但该部门所获得的经营收入仍然是相当可观的。饭店餐饮部的规模不论大小，一般均包括食品原料采购供应、厨房加工烹调、餐厅酒吧三部分业务活动，因而相应设置的业务部门有以下几种：原料采购供应部、厨房、餐厅、酒吧。

此外，饭店为了竞争和发展的需要，日益重视向客人提供更加完善和更加新型的业务项目，以满足宾客多方面的需求。

（4）康乐部

在许多饭店中，特别是度假型饭店都设有专门的部门为旅游团体和旅游者个人提供康乐活动，其中包括高尔夫球、网球、保龄球、健身、游泳等活动。这些活动均由康乐部组织安排，并设专门人员负责组织和指导工作。

康乐部还通过向客人提供娱乐设施，保证饭店娱乐活动的正常进行并获得相应的经营收入。康乐部的主管和其他专职人员一般都具备组织娱乐活动的能力和专长。他们经常为饭店组织一些别开生面和富有吸引力的娱乐活动，满足客人的娱乐要求。

（5）商品部

现在几乎所有的饭店都设有商品部或商品销售点等，大型饭店的商品部和市区内零售商场的经营相类似。但饭店商品部装饰豪华，商品价格通常高于饭店外的同类商品的价格。饭店商场和商品部出售的商品，一般以当地特有的旅游商品为主，同时也经营一些日常生活用品。在有些大型饭店中，商品部属于业务部门，其经营收入在饭店营业总收入中占有一定的比例。

（6）旅游部

现在许多饭店均设有自己组织旅游的专业部门。它一方面为饭店组织客源，另一方面为饭店的客人提供游览观光和继续旅行的各种便利条件。旅行社设有专门的人员负责提供交通工具（车船）、导游、订票等各种专门的业务。

2. 饭店职能部门

饭店职能部门不直接从事饭店接待和供应业务，而是为业务部门服务、执行自身某种管理职能的部门。饭店的人力资源部、销售部、工程部、安全部和财务部均属于饭店的职能部门。

（1）人力资源部

人力资源部的主要职责是为了满足饭店经营管理的需要，协助其他部门负责饭店管理人员和服务人员的选聘、培训及具体的管理工作。人力资源部是饭店中的一个非常重要的部门，一般直接受总经理的领导和指挥。人力资源部除设有经理和副经理外，还有专职人员负责人员调配、职工培训、工资管理等。有些饭店的人力资源部还设有专门的培训机构。

（2）销售部

销售部的主要职责和工作目标是为饭店组织客源。为了保证饭店有充足的客源，销售部的人员要进行市场调研，了解市场需求，掌握客源流向并负责推销饭店产品。

饭店销售部的规模是有差异的，一般是1～20人。销售部设经理和主管销售业务的专职人员。有些大型饭店的销售部还设分管旅游销售、会议销售、宴会销售的经理及公共关系等专职工作人员。为了做好销售工作，饭店总经理也要分出一部分时间来处理销售部的有关事宜。

（3）工程部

工程部的主要职责是负责饭店房屋及设备的维修工作，使饭店的外部及内部装修等保持在完好和较高的水平上，并经常对饭店的各项设备、设施进行修理、保养和更新。工程部还需要按计划对饭店的能源进行有效的管理。

工程部的组织机构包括工程部办公室（由工程部经理、助理调度员等组成）、锅炉冷冻组（由锅炉房和冷冻机房组成）、电工组（由交配电组与强弱电组组成）、维修组（由综合维修人员组成）、电梯组（由电梯操作、维修人员组成）、土建维修组（由土建、木工、油漆工组成）。也有的饭店只设锅炉、冷冻、水电、土建四组。

（4）安全部

安全部是饭店非常重要的职能部门之一，宾客在饭店中不仅需要良好的食宿服务条件，同时需要一个安全、舒适、宁静的环境。安全部对饭店的各种设施、财产的安全及宾客的人身和财产安全负有重要的责任。

饭店设有安全部经理和专职的安全保卫工作人员，对全饭店进行二十四小时的安全保卫和巡视。虽然安全部的人员可以负责饭店整体的安全保卫工作，但是饭店的所有工作人员和服务人员都应当关心安全工作，并积极参加安全保卫措施的具体实施工作。

（5）财务部

财务部负责处理饭店经营活动中的财务管理和会计核算工作。财务部人员的数量取决于饭店的经营规模。一般来说，饭店财务工作直接由一位饭店的副总经理领导，财务部内部设有经理、副经理、主管会计、会计员、出纳员若干名。

3. 饭店其他机构

根据我国国情、法律、政治经济体制，饭店还要设置其他机构。一是党组织的领导机构。它要对饭店的经营决策、正常运行、实现组织目标起监督保证作用。二是工会、共青团、妇女组织机构。工会是职工代表大会的常设机构，通过职工代表大会的形式使职工行使民主管理的权利，并维护广大职工的利益。共青团、妇女组织是饭店的群众组织，根据该组织章程，它们一方面要从该组织成员的特点出发，引导他们在饭店中发挥积极作用，另一方面要保护该组织成员的权益。

饭店组织机构的设置，必须从饭店的实际出发，保证饭店组织能最有效地发挥作用，完成饭店的经营目标和任务。由于饭店的性质、特点、规模的不同和经营管理思想的不同，各饭店组织机构的设置也不尽相同。我国一般大中型饭店采用纵型组织机构图，这种结构图清晰地表明了各部门的基本关系、职位，容易理解，如图 3-5 所示。

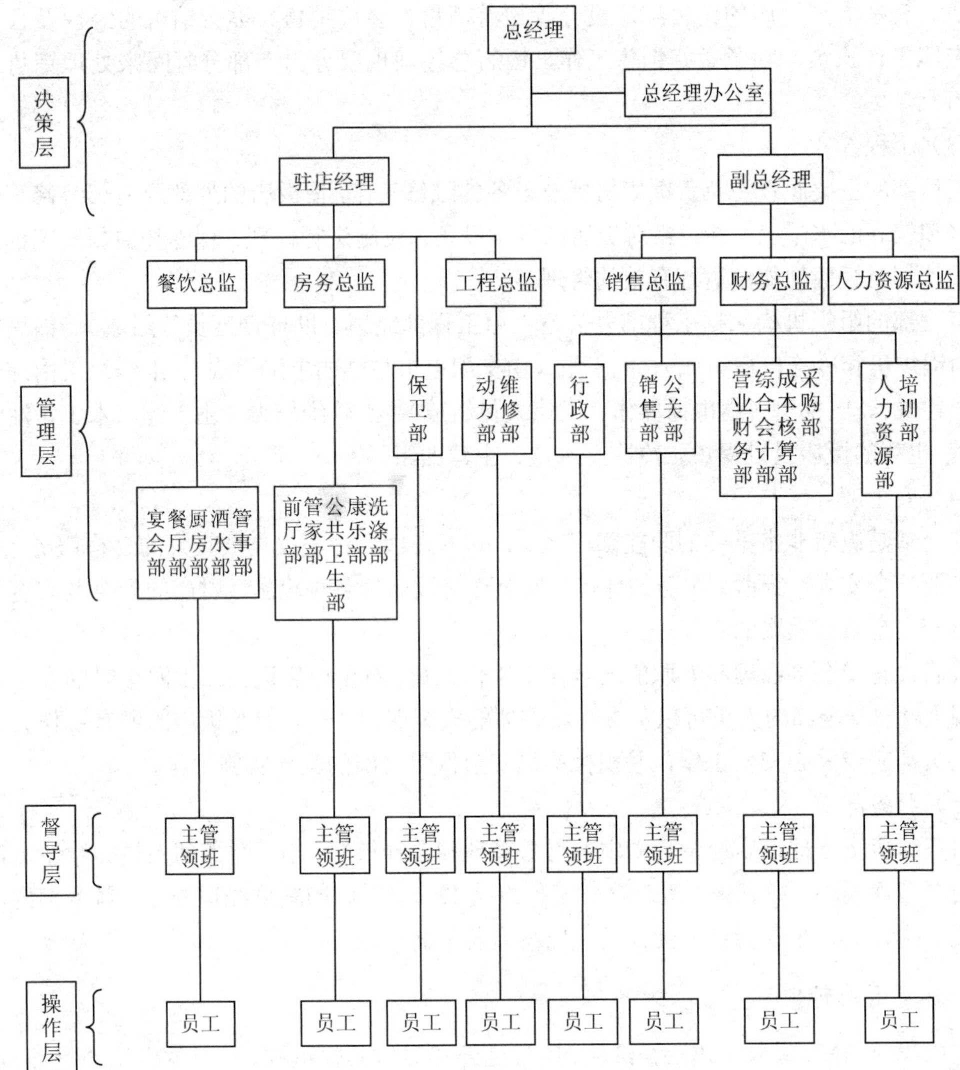

图 3-5　大中型饭店组织机构形式

3.3　现代饭店的管理制度

“没有规矩，不成方圆。”饭店管理，制度为基。要保证饭店的正常运行，并实现预期的目标，就必须实施制度化管理。

3.3.1　饭店制度的含义及类型

1. 饭店制度的含义

饭店制度是企业组织管理过程中借以引导、约束、激励全体组织成员行为，确定办事方法，规定工作程序的各种章程、条例、守则、规程、程序、标准、办法的总称。我们可以从以下六个方面来全面认识饭店制度的内涵。

1）饭店制度具有目标性。饭店实行制度管理是为了实现饭店目标，制度必须为目标服务。饭店目标表现为两个效益，即经济效益和社会效益，表现为各子系统目标的综合。制度要为两个效益服务，要服从总目标的需要。

2）饭店制度具有规范性。制度的直接目的是规范员工的行为进而规范组织行为，因此制度具有规范性。制度规范性有两个方面的含义：一是制度对对象要起到规范作用，制度要全面完整并具有可操作性，切实可行；二是制度本身的科学性，制度是根据饭店的每一项业务、每个职能的运行规律，用文字的形式来反映的，制度的制定要有客观依据和法律依据，要能广泛吸收国内外的先进范例和经验，要能体现时代精神。

3）饭店制度具有同一性。制度的同一性是指制度反映了饭店投资方、管理者、员工各方面的共同要求和目标。组织的成员都希望组织建立有章可循的运行秩序，营造井然有序的工作环境，这就要靠制度来保证，于是就产生了对制度的共同要求。从这个角度认识，制度不应该被认为是由上级制定、下级执行的行为束缚，而应该成为根据各方面共同要求而达成的有关共同行为规范的协议。制度要成为饭店各方的自觉要求和习惯行为，而不要成为负担。

4）饭店制度具有强制性和公平性。制度是由正式组织明文规定的，具有强制的力量。组织依靠这种力量对饭店每个成员的行为进行约束，组织成员违反制度就会受到组织的处罚。同样，组织具有公平性，组织成员在制度面前人人平等，谁都不能凌驾于制度之上。在饭店，人人都必须遵守制度。

5）饭店制度具有灵活性。制度有其严肃性，但在饭店，在一定条件下制度应该是有一定程度的灵活性。饭店业务的随机性、宾客需求的随机性，饭店以人为本、宾客满意的宗旨，要求饭店制度在保证规范的大前提下，可在具体作业上做灵活处理。但这个灵活要有个基准：满足宾客的要求，不损害饭店、其他宾客、员工利益，不会给饭店带来混乱，不违反基本制度。

6）饭店制度具有发展性。饭店制度是饭店管理意识的反映。饭店的发展和管理的变化要求制度也随之变化。饭店制度变化的原则是让制度真正发挥积极的作用。因此制度变化主要体现在三个方面：新制度的诞生、现行制度的修改、旧制度的淘汰。

2. 饭店制度的类型

依据制度规范涉及层次和约束内容的不同，可将饭店制度分为以下四大类。

（1）基本制度

基本制度主要包括企业的法律和财产所有形式、企业章程、董事会组织、高层管理组织规范等方面的制度和规范。

（2）管理制度

管理制度是对企业管理各基本方面规定活动框架，调节集体协作行为的制度，是用来引导、约束、激励集体性行为的、成体系的活动和行为规范，如人事管理制度、安全管理制度、财务管理制度等。

（3）业务技术规范

业务技术规范是涉及某些技术标准、技术规程的规定，如服务规程、操作规程等。

（4）个人行为规范

饭店企业中，个人行为规范是指专门针对个人行为制定的规矩，如礼貌服务守则、员工行为规范等。

可见，制度规范包括的范围很广，从个人行为到企业形态、基本制度，从技术要求到业务规程、管理过程，涉及企业组织的所有层次和所有方面。所有这些制度规范结合起来，实质上构成了饭店管理过程中一套完整的激励和约束系统。

3.3.2 饭店制度体系

饭店的各种制度都对饭店管理和运行起着某方面的规范作用，这些制度有着内在的联系，它们之间相互补充、相互配合，形成了饭店的制度体系。

1. 饭店的基本制度

饭店的基本制度对饭店运行的大纲、方针的基本规范做了规定，是饭店其他制度的基础。这类制度主要有总经理负责制、员工手册、经济责任制、岗位责任制等。

（1）总经理负责制

总经理负责制是饭店组织管理中实行的领导制度，也是饭店最基本的制度之一。总经理是饭店的法人代表，饭店要建立以总经理为首的经营管理系统，总经理根据国家的政策、法规和上级主管部门的决策，全面负责饭店的经营业务，并对饭店的各项事务负有全面责任。总经理负责制是适应市场经济和饭店现代化管理的一项基本的企业领导和管理制度。

为有效履行对饭店的管理职责，总经理在党组织和职工代表大会的密切配合下，可依法行使自己拥有的行政决策和指挥权力，以确保饭店经营目标的实现。

知识链接

组织管理制度之民主参与管理

职工民主管理制度是我国社会主义制度的要求，也是饭店总经理负责制的基本保证。职工民主管理的法定形式和主要形式是饭店的职工代表大会制。职工代表大会具有管理、监督、审议三个方面的权力，具体工作如下：

1）听取和审议通过总经理的工作报告。

2）审议饭店的发展规划、经营计划及一些重要的经营管理问题。

3）审议饭店各项基金使用，以及酒店生活福利等重大事项。

4）评议、监督饭店各级领导干部，并提出奖惩和任免的建议。

职工民主代表大会制度的建立，定期会议和日常管理运行，对饭店的大政方针政策起到了较好的监管作用，让员工参与管理，参与决策，对于提高员工的工作积极性和饭店的规范管理都有重要意义。

（2）员工手册

员工手册是饭店的又一个基本制度，是饭店的“基本法”。它提出了企业精神，规定全体饭店员工拥有的权利和义务，是全体员工都应该遵守的行为规范的文化文件。员工手册是饭店里最具有普遍意义、运用最广泛的制度条文，与每个员工息息相关。它能够使员工对企业性质、企业目标、企业精神有一个充分的了解，使员工树立主人翁精神，产生责任感。

员工手册的基本内容因各饭店指导思想的不同而有所不同。员工手册的主要内容如下：

1）序言。主要是饭店的欢迎词，对员工加入饭店工作、成为饭店大家庭的一员表示欢迎，并提出希望。

2）饭店简介。介绍饭店的规模、设施、星级和特色。

3）饭店的口号和工作精神。表达饭店的企业精神、经营宗旨和指导思想，使员工对饭店产生信心和归属感。

4）劳动条例。提出有关饭店的工作实践和加班规定及报酬的支付方式，并包括招聘、培训、录用、辞退和除名等内容。

5）报酬的评定方法。提出饭店工资报酬的评定方法及职务技术技能、贡献与所得报酬的内在联系。

6）组织结构。说明饭店的组织结构和形式。

7）员工福利。规定员工的医疗费用、病事假和其他请假制度，以及带薪假期和膳食津贴等。

8）纪律。包括奖励和惩处的有关条例，以及员工必须遵守的制度和违纪处分等条款。

9）安全守则。提出饭店万一发生各种意外时，员工必须遵守和执行的条款，以及应尽的义务和责任。

10）签署人。这是员工手册最后向每位员工提出的要求。每位员工在学习并认可员工手册所提出的各项提款后，必须签名，交人力资源部备案，以便将来对照实施。

（3）经济责任制

经济责任制是饭店组织管理中的一项重要的基本制度。它是以目标管理为基础，把饭店各部门各部分的目标责任和经济利益联系在一起的责任制度。其特点是国家、饭店和员工相互间承担责任和义务，并与各方的物质利益相联系，它是调动饭店、部门、员工经营和工作积极性的有效手段。饭店的经济责任制包括饭店对国家的经济责任制和饭店内部的经济责任制。

1）饭店对国家的经济责任制具体表现为饭店对其上级主管部门的经济责任制，饭店要根据上级主管部门的计划和决策，按照国家有关政策、法律和规定，确定饭店对国家应负的经济责任。这一经济责任包括：①饭店应根据市场需要发挥自身的功能和作用，满足市场需要；②饭店要以正当经营手段取得经济效益，在缴纳税金方面完成和超额完成国家下达的指标；③在确定饭店的经济活动和经济效益指标时，还要提出社会效益指标。

2）饭店内部的经济责任制是以饭店获得双重效益为中心，按责、权、利相结合的原则，把饭店所承担的经济责任逐级分散落实到部门、班组和个人的一种管理制度。而饭店对国家承担的经济责任，是由饭店各部门、各岗位员工分担完成的。

（4）岗位责任制

岗位责任制是饭店具体规定各个工作岗位及人员的职责、作业标准、拥有权限等的责任制度。健全的岗位责任制应做到以下几点。

1）合理设置岗位。岗位设置要与饭店的目标、任务和组织结构相统一，具体准确地规定饭店各部门工作岗位的数量，而且每种岗位必须有确定的名称，坚持位有其人和人有其位的设置原则和方法。

2）明确岗位职责。明确各部门、各级管理人员、服务员的职责范围、服务程序和服务标准，明确负责此项工作和服务应该具备的技能和知识。

3）准确核定岗位工作量。力求使各岗位的工作量达到饱和。

4）明确规章制度，制定奖罚条例，论功行赏。此外，各部门和各岗位之间应协调配合，这样才有利于饭店各业务部门、各工作岗位的正常运转。

2. 饭店的部门制度

部门制度是指饭店各部门根据部门业务特点和运行规律来规范部门行为而制定的制度。它同饭店基本制度和专业制度有所不同，有其特殊性，只适用于本部门运用。部门制度的制定一方面要依据饭店的基本制度，另一方面要紧扣部门业务的特点。

（1）业务运行责任制

业务运行责任制是为保证业务运转而制定的。这类制度主要有业务情况和业务活动记录统计制度、业务流程制度、排班替班交接班制度、服务质量考评制度、卫生制度、表单填写制度、信息传输制度、例外事件处理制度等。

（2）设备设施管理制度

每个部门所配备的设备设施不同，对各种设备设施的管理要求也就不尽相同。各部门在设备部门的统一指导下制定本部门的设备设施管理制度。这类制度包括两个方面：一是设备运行使用管理和操作制度，二是各种设备的财产管理制度。

（3）服务质量管理制度

每个部门的服务质量内容不尽相同，服务质量管理制度也有较大差异。这类制度主要有服务质量标准、服务质量基础制度、服务质量保证制度、全面质量管理制度。

（4）部门纪律

部门纪律是根据部门业务特点而确定员工应该共同遵守的规则。部门纪律的主体是部门员工行为规范。

（5）物品管理制度

部门所用物品的性质和种类有很大的差别，相关制度也有很大差异。一般该类制度带有共性的有物品分级管理制度、物品使用领用制度、物品保管责任制度、物品质量制度、物品成本核算制度、物品库存盘点制度、重要物品专人保管制度等。

（6）劳动考核制度

劳动考核制度就是对岗位、班组、部门的劳动工作状况进行考评考核的制度。该类制度主要有考勤制度、任务分配和工作安排制度、作业检查制度、劳动考核和工作原始记录制度、奖金分配制度、部门违规处理制度等。

（7）财务制度

部门财务制度是与饭店财务制度相配套的制度，主要有各部门收银现金管理制度、信用消费制度、支付制度、资金审批制度、营业外支出制度、流动资金部门管理制度等。

3. 专业管理制度

专业管理制度是因饭店管理需要而由各职能部门制定的制度，该类制度在全饭店通用，要求全饭店员工遵照执行。这类制度主要有：

（1）行政性制度

行政性制度是对饭店的行政事务所规定的一些制度，主要有行政办公制度、行文制度、报告制度、发文制度、行政档案制度、与行政主管部门联系制度、保密制度、接待制度等。

（2）人事制度

人事制度是指饭店人事管理制度，主要有招工招聘制度、人员录用使用制度、人员配备制度、人事管理制度、劳动工资制度、奖惩制度、技术职称考评制度、福利制度、晋升制度等。

（3）安全保卫制度

安全保卫制度是指保证宾客和饭店的生命财产安全，使宾客和饭店都满意的制度。安全保卫制度有三大类：一是与公安、安全、消防、防疫等部门配合的各种制度；二是饭店的内保制度；三是消防安全制度。安全保卫制度是一个制度系列，在部门制度中应包含于部门安全保卫有关的制度和条文。

（4）财务制度

财务制度在饭店是一类较特殊的制度，它是从价值形式上对饭店的管理。

4. 饭店工作制度

饭店工作制度是为设计全饭店的一些行政工作所制定的制度，有些饭店把这些制度并入行政制度中。饭店工作制度主要有：

（1）会议制度

会议制度是为会议制定的制度，主要有早会、店务会议、办公会议、年会、职工代表大会、部门业务会议、班组会、党团组织生活等会议制度。

（2）饭店考评总结制度

饭店考评总结制度是饭店按时对经营情况做考评总结的制度，主要有年考评总结、半年考评总结、月考评总结、重要接待任务后的考评总结等制度。

（3）决策和计划工作制度

决策和计划是一个科学严肃的过程，对决策计划过程的规范化就是决策计划工作制度，主要内容有制度决策者、决策权限、决策程序、决策结果表述、决策实施责任等。

（4）质量监督制度

质量监督制度是对饭店服务质量进行检查监督的管理制度。该类制度要规定监督执行机构和执行者、监督体系、监督内容、监督范围、监督方法、监督结果处理等。

3.3.3 饭店制度管理的基本要求

制度管理就是以制度的制定与执行来协调企业组织集体协作行为的管理方式。饭店制度管理的基本要求主要有：

1. 科学性

制度的科学性，即饭店的制度必须符合饭店管理的客观规律。饭店制度的制定一定要考虑它的目的性、可行性、严谨性。

（1）制度的目的性

饭店制度必须根据饭店经营管理的需要和全体员工的共同利益来制定，服从饭店经营管理的目标。对员工而言，制度不仅起到规范员工行为的作用，而且必须起到引导与激励作用。制度的出发点应本着“鼓励发扬优点、抑制消除缺点”的思想，从而使制度起到“扬善”的目的，促进员工人性中优点的发挥。

（2）制度的可行性

制度的可行性，即制度必须符合客观实际。饭店的规范不应千篇一律，而必须考虑大多数员工的思想觉悟水平、心理承受能力及饭店实施的客观条件，要符合人们的行为规律。

（3）制度的严谨性

制度是企业的法，体现了循序渐进、尊重人的规律，因此制度必须是严谨的。在制定制度时，必须有科学严谨的态度、严谨的程序、严谨的体系。同时，要注意制度条文要明确、具体、易于操作。

2. 严肃性

制度的严肃性，即制度一旦制定就要成为人人必须遵守的行为准则，任何人不经高层的允许不得改动，对于违反者给予经济的、行政的、经营权等的重罚。在制定制度时，必须要有科学严谨的态度，定什么制度，定到什么程度，均应认真研究，仔细推敲。在执行制度时，要做到有制度必遵，违反制度必究，制度面前人人平等，不搞功过相抵、下不为例。此外，还必须注意修订制度的严肃性，既要在实践过程中不断完善制度，又要保持制度的连续性。制度的严肃性主要体现在权威性、公平性、规范性三个方面。

（1）制度的权威性

制度的权威性，即执行制度要严格、有力度。制度作为企业的法规具有强制性，不一定要获得所有人的理解之后再执行。因此，一旦制度已制定成型，就应严格执行，以维护其权威。

（2）制度的公平性

制度是全体员工共同遵守的准则，是员工行为的依据，具有无差别的特点。制度管理必须以事实为依据，以制度为准绳，有制度必依，违反制度必究，犹如“火炉”一样，是不认人的。在任何情况下，饭店管理者都不能在制度管理上亲疏有别，否则便会损害员工的工作积极性，并危及制度的严肃性，使制度管理的环境发生异化，令制度管理难以执行。

（3）制度的规范性

在处理违章时要有严格的程序，要以事实为依据，以制度为准绳，注意处罚的准确性，防止情绪化管理。

3. 艺术性

饭店制度管理的艺术性，一是必须注意针对性，二是要注意灵活性，三是要注意情感性，四是要注意创造性。

俗话说：“制度无情人有情。”我们一方面要严格按制度办事，另一方面要把执行制度和思想工作结合起来，注意批评和处罚的艺术，同时还要把执行制度和解决员工的实际问题结合起来。

课后小结

任何组织都会面临组织老化或组织惯性的问题，现代企业组织的一个重要任务就是不断创新，甚至为此而更新自身的组织结构。

饭店的组织结构是饭店内部建立的组织管理体系的结构，是饭店中各部门及各层之间相互关系的模式，是饭店组织管理中最重要的组成部分。设置怎样的饭店组织结构，将直接影响饭店的经营，影响饭店目标的实现。

饭店组织机构的设置是饭店权责分明的关键所在，是饭店管理的具体表现形式，是实现饭店战略和经营目标的重要保证。饭店组织机构的设置应坚持八个基本原则。

饭店组织结构的层次通常采用四级管理体制，即梯形管理体制，包括决策层、管理层、督导层和操作层。

饭店组织结构决定着所有各级管理人员的职责关系，是组织的最重要的组成部分，也是实现饭店目标的前提条件。根据饭店具体情况的不同，其组织形式主要有直线制、直线-职能制、事业部制、矩阵制。

饭店管理，制度为基。饭店制度主要分为基本制度、管理制度、业务技术规范、个人行为规范四大类。饭店制度管理的基本要求是科学性、严肃性和艺术性。

思考与练习

1. 饭店组织管理的主要内容是什么？
2. 饭店组织结构的设置应遵循哪些基本原则？
3. 饭店组织结构的层次有哪些？其组织结构的形式有几种？各组织结构形式有哪些优缺点？
4. 什么是饭店制度？其包括哪些类型？
5. 饭店制度管理有哪些基本要求？

第 4 章

饭店服务质量管理

【案例导入】

一个夏日的上午十点多，根据张女士的要求，行李员帮助她提拿行李从 305 房间换至 1208 房间。张女士略微整理了一下行李之后即外出游玩，一直到晚上方才回房。略感疲乏的张女士打开电视机，发现自己的眼镜却怎么也找不到了。

张女士仔细回想自己最后使用眼镜的时间，确定是在前一天晚上躺在床上看电视的时候顺手放在床头柜上面了。于是，张女士拨通了客房中心的电话。果然，客房服务员已经把眼镜当作客人遗留物品送至客房中心。

虽然张女士找到了眼镜，但忍不住还是问了一句："既然发现了眼镜，为什么不送到我的房间里来，让我找了好久？"客房员工非常坦然地回答说："对不起，我们以为您已经离开了饭店。"

[**分析**] 饭店的服务经常涉及多个部门，部门之间的沟通与协调非常重要，在服务规程中应有明确规定，否则难以提供令客人满意的服务。在此案例中，饭店的服务规程应规定前厅部必须把客人的换房信息及时通知客房部和其他有关部门，使服务具有连贯性，避免出现一些原本可以避免的差错。

【学习目标】

1. 认识到服务质量是饭店生存和发展的基础。
2. 了解饭店服务质量的含义、内容、特点。
3. 学习制定饭店服务规程、进行饭店服务质量教育的内容。
4. 掌握服务质量管理的有效方法。

【学习重点】

1. 饭店服务质量的内容。
2. 饭店服务质量管理体系。
3. 采取有效的服务质量管理方法。

【学习难点】

1. 建立饭店服务质量管理体系。
2. 采取有效的服务质量管理方法。

饭店服务质量是饭店的生命线。在当今竞争日益激烈的市场经济中，各饭店都以质量求生存、以质量求信誉、以质量赢得客人，并且随着人们生活水平的提高，客人对饭店服务质量的要求也越来越高。因此，加强饭店服务质量的科学管理、提高服务质量成为饭店管理的重要内容，是饭店日常管理的中心工作。

4.1　饭店服务质量概述

4.1.1　饭店服务质量的含义

饭店服务质量是指饭店提供的实物产品和服务在使用价值上适合和满足客人需要的程度。对于饭店来讲，服务质量的好坏主要来自两个方面的内容：一方面是物，即饭店的有形产品质量，包括饭店的外形建筑、设备设施、房间布局、室内装修、家具用具的设置等；另一方面是人，即饭店的无形产品质量，包括饭店员工的工作作风、工作态度、服务技能、文化修养等。这两个方面内容是保证饭店服务质量的关键。服务质量的真正内涵，不仅是客人需求满足的综合反映，也是饭店有形产品和无形产品完美结合的具体体现。

4.1.2　饭店服务质量的内容

饭店服务质量是一个综合性的概念，涉及饭店生产经营过程的各个方面和环节。一般来说，饭店的服务质量包括有形产品质量和无形产品质量两大方面的内容。

1. 有形产品及其质量

有形产品包括饭店设备设施、实物产品、服务环境等。

（1）饭店设备设施及其质量

饭店设备设施是饭店经营的依托，是饭店赖以生存的基础，是饭店服务质量的重要内容。设备设施是饭店星级档次的基础，也是客人评价饭店服务质量的首要对象。饭店设备设施不仅要有达到一定水准的使用价值，还要有外观美感和风格特色。

饭店设备设施包括客用设备设施和供应用设备设施两大类。客用设备设施的质量要求做到设置科学、结构合理、配套齐全、舒适美观、操作简单、使用安全、完好无损、性能良好。供应用设备设施即饭店经营管理所需的不直接和客人见面的生产性设备设施，如锅炉设备、制冷供暖设备、厨房设备等，其质量要求做到安全运行、保证供应。

饭店设备设施的质量要求具体表现如下：

1）设备设施和物品设置的水准应按国家旅游局颁布的《旅游饭店星级的划分与评定》中规定的有关设备设施和物品配备标准执行。同时，设备设施要设置科学，结构合理，设备设施性能良好。

2）设备设施和物品应配置齐全，配套完整，且操作简单，质量良好，让客人感到实用、方便。

3）各种设备设施应处于良好的状态，让客人感到舒适方便。

4）对各种设备设施应有严格、高效的维修保养制度，确保接待服务正常运转。

5）建筑和装饰、设备、物品等能注意风格特色，互相协调一致，形成一种美感。

（2）饭店实物产品及其质量

饭店实物产品即菜点酒水、客用品、商品、服务用品等。实物产品是满足客人物质消费需要的直接体现，是饭店服务质量的重要内容。实物产品质量包括：

1）菜点酒水质量。菜点酒水的质量要求做到饮食产品有特色，原料选用要准确，加工烹制要精细，产品风味要适口等，确保所供应的每一品种都安全卫生，符合客人要求。

2）商品质量。商品质量应做到花色品种齐全、商品结构适当、商品陈列美观、商品价格合理，没有假冒伪劣商品，所供商品符合客人的购物偏好。

3）服务用品质量。服务用品是指饭店在提供服务过程中供服务人员使用的各种用品，如客房部的工作车、餐饮部的托盘等，它是提供优质服务的必要条件。服务用品要求品种齐全、数量充裕、性能优良、使用方便、安全卫生等。

4）客用品质量。客用品是指饭店提供给客人消费的各种生活用品，包括一次性消耗品（如牙具、牙签等）和多次性消耗品（如棉织品、餐酒具等）。客用品质量必须与饭店星级相适应，数量应充裕，供应要及时，安全与卫生有保障。

（3）饭店服务环境及其质量

饭店服务环境即饭店的服务气氛，饭店服务环境质量要求饭店的服务气氛给客人带来感觉上的美感和心理上的满足感，具体包括独具特色、符合饭店等级的饭店建筑和装潢，布局合理且便于到达的饭店服务设施和服务场所，充满情趣并富于特色的装饰风格，以及洁净无尘、温度适宜的饭店环境和仪表仪容端庄大方的饭店员工等。

饭店服务质量对服务环境的要求如下：

1）饭店建筑物的结构良好，并有一定的特色。

2）饭店建筑、装饰材料的选用必须符合饭店等级。

3）饭店服务设施和服务场所的布局要合理，并便于到达。

4）饭店的装饰布置，如照明和色彩等应营造氛围，并充满情趣，富于特色。

5）饭店安全有保障。

6）饭店卫生令人放心，如饭店各处洁净无尘、员工仪表仪容端庄得体等。

7）饭店外部或周围环境整洁、干净。

2. 无形产品及其质量

无形产品是指饭店提供给客人的服务，无形产品的质量即服务水平，是饭店服务质量的主要内容。服务水平有一部分在国家规定的星级饭店标准中有明确的规定，还有一部分国家没有统一的标准，各饭店应结合自身实际做出明确规定。

无形产品包括礼貌礼节、职业道德、服务态度、服务技能、清洁卫生、服务项目、服务效率、安全工作等。

（1）礼貌礼节

礼貌礼节是以一定的形式向他人表示尊重、欢迎、友好的一种态度和意愿。礼貌礼节是整个服务水平中最重要的部分，因为它是客人在接受服务时首先接触到的。礼貌礼节是人际关系的润滑剂，它反映了一个饭店的精神文明和文化修养，体现了饭店及员工对客人的基本态度。对饭店员工礼貌礼节的基本要求：饭店服务人员应具有端庄的仪表仪容、文雅的语言谈吐、得体的行为举止、殷勤的态度等。

饭店讲究礼貌礼节，全体员工在接受行业培训时必须进行礼节礼貌的培训，饭店也应该有礼节礼貌的规范。礼节礼貌既要充分尊重各个国家、各个地区的习惯特点，也要保持我国的民族传统和习惯。

（2）职业道德

职业道德是指从事一定职业的人，在工作和劳动过程中所应遵循的与其职业活动紧密联系的道德原则和规范的总和。对饭店员工职业道德的基本要求：饭店员工应遵循“热情友好，客人至上；真诚公道，信誉第一；文明礼貌，优质服务；不卑不亢，一视同仁；团结协作，顾全大局；遵纪守法，廉洁奉公”的旅游职业道德规范。具体要求是敬业、勤业和乐业。

（3）服务态度

服务态度是指饭店员工在对客服务过程中体现出来的主观意向和心理状态，其好坏由员工的主动性、创造性、积极性、责任感和素质高低所决定。对饭店员工服务态度的具体要求如下：

1）真诚。这是饭店员工对客人服务的基本态度。

2）主动、热情、周到的服务。具体表现在三个方面。第一，饭店员工在外表形象、语言行为、营造的气氛等方面都处在良好的服务态度之中。第二，服务在客人开口之前。饭店服务要主动在前，恰到好处。要做到这一点，一方面服务规程要尽量规定得详细周到，把主动服务列入规程；另一方面要培养全体员工的主动服务精神，随时能提供客人需要的恰到好处的服务。第三，服务周到。饭店员工能站在客人的立场上设身处地多为客人着想，尽可能满足客人的合理要求。

（4）服务技能

服务技能是指饭店员工在提供服务时显现的技巧和能力。它是服务质量的一个重要组成部分，其高低取决于服务人员的专业知识和操作技术。掌握服务技能和提高服务技术是对每位员工的基本要求，服务技术过硬才能使服务达到标准，保证服务质量。服务技巧要对业务十分熟悉，对客人的各种心理有比较清楚的了解，充分发挥自己对客服务的才华而使服务更加富有感染力。服务技能主要表现为接待艺术、语言艺术、动作表情、推销艺术、应变艺术、化解矛盾艺术等多方面的艺术。

（5）清洁卫生

清洁卫生工作是饭店业务工作的重点，也是服务质量的重要内容。卫生状况不仅直接影响客人的健康和客人旅居生活的质量，而且反映出饭店的管理水平和企业素质。清洁卫生工作主要有：

1）清洁卫生标准。我国有关卫生防疫的法律和规定是饭店清洁卫生标准的基础。饭店应根据各部门、各场所不同的业务和不同的要求对清洁卫生标准做出具体的规定。

2）公共场所及客人单独使用场所、饭店内部工作场所、员工使用场所都要有严格具体的卫生标准，并要保证这些标准得到有效贯彻和落实。

3）食品饮料卫生。饭店应严格按法规切实做好食品饮料卫生工作，凡因食品卫生发生的事故，饭店都应作为重大事故及时处理。

4）用品卫生。饭店应制定各类用品的卫生规范，并按规范实施，特别是服务员使用的清洁工具用品等一定要严格遵守卫生规范。

5）个人卫生。饭店各岗位均有个人卫生规范要求，每位员工应按卫生规范保持个人卫生。

6）环保工作。饭店应采取措施做好环保工作，按国家及环保部门对环保的要求指标，使饭店的环保能达标。尽量减少对饭店的各种污染，保持空气的清洁。“绿色饭店”的倡导对此提出了更高的标准。

（6）服务项目

饭店所能提供服务项目数量的多少，反映了饭店的档次水平和服务质量的高低。饭店在条件具备的情况下，应提供尽可能多的服务项目。饭店的服务项目可归为两类：一类是基本服务项目，即在饭店服务指南中或在服务规程中有明确的规定，对每个客人几乎都要发生作用的那些项目；另一类是附加的服务项目，即由客人临时提出的、不是每个客人都需要的服务项目，也就是我们平时所说的超规程服务的那些项目。随着现代生活水平的提高，人们的需求在不断扩大，服务项目随之增多。饭店的服务项目要能千方百计地去适应和满足客人的需要。

（7）服务效率

服务效率是指在服务过程中的时间概念和工作节奏。它应根据客人的实际需要灵活掌握，要求在客人最需要某项服务前即时提供。因此，服务效率并非仅指快速，而是强调适时服务。

饭店服务效率有三类：一是用工时定额来表示的固定的服务效率，如打扫单间客房的工时、做夜床工时、宴会摆台工时等；二是用时限来表示的服务效率，如总台登记入住每人不超过三分钟、电话震铃响到接线不超过四秒等；三是有时间概念但没有明确的时限规定，是靠客人的感觉来衡量的效率，这类效率在饭店是大量的。例如，在餐厅点菜后，多少时间上菜；通知加床或提供某种服务，多少时间能完成，等等。服务效率不仅是服务质量的组成部分，还直接影响饭店的效益。

除了服务效率外，饭店还需提高工作效率。工作效率是饭店内部工作的时间频率。工作效率有涉及客人的，如内部业务表单的传递、客人投诉上报、菜单的内部传递等。工作效率也有不涉及客人的而纯粹是内部的工作，不论哪一类工作效率都必须是快节奏的。工作效率同样会影响服务质量，也关系到饭店的精神面貌。提高效率、保证效率是饭店的目标之一。

（8）安全工作

安全工作是饭店服务质量的关键性问题，是饭店服务质量的一个重要组成部分。不管饭店各方面工作做得多好，安全出了问题将会前功尽弃。

饭店安全工作的基本要求如下：

1）环境安全。客人外出旅行，旅居在饭店常会有一种不安全感。饭店在环境上要制造一种安全的气氛，给客人以心理上的安全感。创造安全气氛不是戒备森严，戒备森严会给客人带来心理上的压力，更会让其感到不安全。

2）防火防盗。“火”、“盗”是饭店之大忌，饭店要采取一切可以采取的措施，舍得投资，按消防和治安要求做好防火防盗工作，尽可能做到万无一失。防火防盗工作始于饭店设计建设阶段，今后还将是饭店的重要工作。

3）防止侵犯骚扰事件。客人既不能受到外来的侵犯和骚扰，也不能受到内部的骚扰，如不敲门进房、半夜催账等。

知识链接

饭店服务质量的黄金标准

饭店服务质量的黄金标准是从客人角度出发，对饭店服务的环境、产品、人员三个方面提出的基本要求，是饭店视觉形象、服务功能性及精神享受方面最本质的标准化服务规范。之所以说“黄金标准”，一是普遍适用性，它并不是专门针对高星级饭店的服务标准，而是每家饭店在服务中应当做到并且能够做到的基本标准，反映了饭店标准化服务的精髓。二是实施重要性，让客人在整洁美观的环境里感受到亲切礼貌的服务态度，享受到安全有效的服务，这是使客人满意的必要条件和基本保证。

标准一：凡是客人看到的必须是整洁、美观的。

众所周知，客人认识一家饭店最初是由表面开始的，如饭店的外观、台面、墙面、地面等，由此形成对饭店的初步感觉。整洁，即整齐清洁；美观，即给客人一种美的享受。整洁、美观是饭店环境、服务气氛的基本要求，是给客人的第一视觉印象。

标准二：凡是提供给客人使用的必须是有效的。

有效是客人对饭店服务的核心需求。饭店服务的有效，首先表现为设施设备的有效。这就要求饭店的功能布局要合理，设施要配套，设备要完好，运行要正常，使用要方便。目前，我国相当数量的饭店存在以下一些问题：空调系统设计安装不合理，开关混合在一起，会议室的空调噪声大、效果差等；总台接待服务流程，很多饭店总台设有众多岗位，分属不同部门，这就使客人办理入住手续时不得不左右移动而为客人带来了诸多不便，且使客人等候时间过长，如能采取“一站式”服务，则会给客人带来很多方便。

标准三：凡是提供给客人使用的必须是安全的。

安全是客人的最低层次的需求，要保障客人的安全，首先要保证设施设备的安全性，如科学安全的装修设计、完善的消防设施、有效的防盗装置、规范的设备安装等。

标准四：凡是饭店员工对待客人必须是亲切礼貌的。

员工的面部表情、微笑服务始终是最基本的原则，但是仅仅有微笑是不够的。微笑服务，美在仪表仪态，贵在热情真诚，重在技术专业，巧在交流沟通。也就是说，微笑服务要与自身的仪表仪态相统一，同时要对客人有发自内心的热情，辅以柔和、友好、热情、亲切的目光，并在服务中及时与客人沟通，才能笑得自然、笑得自信，客人看起来才能亲切礼貌。

4.1.3　饭店服务质量的特点与要求

饭店服务需要的是人与人之间进行面对面的交流，服务的即时提供及饭店服务质量内容构成的特殊性使其质量内涵与其他企业有着极大的差异。饭店服务质量的特点如下：

1. 饭店服务质量的不易控制性

饭店服务质量受人为因素影响较大，这是因为：其一，饭店的服务对象是人，他们有着不同的兴趣、爱好、风俗、习惯，同时还有不同的动机和需要；其二，提供服务的也是人，饭店员工提供的服务也会受他们的知识、性格、情绪等因素影响。服务质量的不稳定性决定了服务质量控制的难度。

2. 饭店服务质量评价的主观性和不确定性

饭店服务质量的好坏最终是由客人做出评价的，不同的客人对服务有不同的期待，对同一服务也会有不同的感受和评价，即使同一客人对同一服务在不同的时间、场合和心情下，也会做出不同的评价。正是由于服务质量评价的这种主观性和不确定性，要求饭店员工必须具有灵活性，在提供服务时要因人而异，见机行事，不可墨守成规，这也是熟练的饭店员工与新手之间的差别。有经验的饭店员工总是能够针对不同的客人，在不同的时间、不同的场合说不同的话，提供不同的服务；而缺乏经验的新手则往往机械地照搬服务规程、标准，缺乏灵活性。

3. 口碑效应对饭店服务质量的重要性

客人选择饭店服务时，一般会根据自己接收的信息做出决定，这些信息来源包括饭店的广告宣传、亲戚朋友的介绍等。一般来说，后者的影响力大于前者。这就要求饭店必须不断提高服务质量，树立良好的社会形象。这样不仅能吸引客人多次光临，还可利用客人的口碑为饭店进行免费推销，增强客人对饭店的信心，从而提高饭店的竞争力。

4. 饭店服务质量构成的综合性

饭店服务质量的构成内容既包括有形的设备设施质量、服务环境质量、实物产品质量，又包括无形的服务质量等多种因素，且每一因素又有许多具体内容构成，贯穿饭店服务的全过程。其中，设备设施、实物产品是饭店服务质量的基础，服务环境、服务规程是表现形式，而客人满意程度则是所有服务质量优劣的最终体现。饭店服务质量既涵盖了衣食住行等人们日常生活的基本内容，也包括办公、通信、娱乐、休闲等更高层面的活动，因此，人们常用“一个独立的小社会”来说明饭店服务质量的构成具有极强的综合性。

5. 饭店服务质量内容的关联性

客人对饭店服务质量的印象，是通过进入饭店直至离开饭店的全过程而形成的。在此过程中，客人得到的是各部门员工提供多次具体的服务活动，但这些具体的服务活动不是孤立的，而是有着密切的关联。因为在连锁式的服务过程中，只要有一个环节的服务质量有问题，就会破坏客人对饭店的整体印象，进而影响其对整个饭店服务质量的评价。

知识链接

饭店服务质量管理确保“零缺点”

饭店服务质量管理中有一流行公式：100－1＝0，即 100 次服务中只要有 1 次服务不能令客人满意，客人就会全盘否定以前的 99 次优质服务。因此，就要求饭店各部门、各服务过程、各服务环节之间协作配合，并做好充分的服务准备，确保每项服务的优质、高效，确保饭店服务全过程和全方位的“零缺点”。

6. 饭店服务质量对员工素质的依赖性

饭店产品生产、销售、消费同时性的特点决定了饭店服务质量与饭店员工表现的直接关联性。饭店服务质量是在有形产品的基础上通过员工的服务创造并表现出来的，这种创造和表现能满足客人需要的程度取决于服务人员素质的高低和管理者管理水平的高低。所以，饭店服务质量对员工素质有较强的依赖性。

由于饭店服务质量的优劣在很大程度上取决于员工对客服务时的即兴表现，而这种表现又很容易受到员工个人素质和情绪的影响，具有很大的不稳定性，因此要求饭店管理者应合理配备、培训、激励员工，努力提高他们的素质，发挥他们的服务主动性、积极性和创造性，同时提高自身素质及管理能力，从而培养出满意的员工。而满意的员工是客人满意的基础，是不断地提高饭店服务质量的前提。

4.2 饭店服务质量管理

饭店服务质量管理是围绕服务质量管理的目标展开的。饭店服务质量管理的基本目标：贯彻饭店服务质量等级标准，提供适合顾客需要的服务，维护和保障顾客的合法权益，不断提高饭店的服务质量。为了达到饭店服务质量管理的基本目标，饭店必须制定服务规程，加强质量教育工作，采用科学的服务质量管理方法并按一定的工作程序进行。

4.2.1 制定饭店服务规程

饭店服务是一种特殊的商品，它具有无形性和不稳定性。由于受到员工的性格、情绪、服务能力和意识等多方面因素的影响，在具体服务过程中可能产生以下情况：①不同的服务员在同一项目上为客人提供的服务质量不同；②同一服务员在同一项目上为不同的客人提供的服务质量不同。这给饭店的质量管理带来很大困难。为确保饭店服务质量处于优质恒定的状态，必须制定一套标准的规范。

1. 饭店服务规程的含义

饭店服务规程是指以描述性语言对饭店某一特定的服务过程所包含的作业内容和顺序，以及该服务过程应达到的某种规格和标准所做的详细而具体的规定。简单地说，它是指某一特定服务过程的规范化程序和标准，通常包含服务规程的对象和范围、服务规程的内容和程序、服务的规格和标准、服务规程的衔接和系统性。

2. 饭店服务规程的特点

（1）服务规范必须全面具体

服务质量体现在饭店各部门、各岗位上，贯穿饭店服务的全过程之中，因此服务规范应具体到每个岗位、每项服务上。服务规范的内容应包括服务内容、服务程序、质量标准等，使每个员工在服务过程中有章可循。

（2）服务规范必须符合国家有关标准

《旅游饭店星级的划分与评定》（GB/T 14308—2010）及《星级饭店访查规范》（LB/T 006—2006）是制定服务规范的重要依据，各饭店应参照标准和规范，结合自己的风格、特色制定服务规范和质量标准。

（3）服务规范的可操作性要强

服务质量标准要明确，便于员工在服务过程中执行。饭店服务质量不像其他工业产品质量一样，能够用具体的参数测定和衡量，但必须定性地描述服务过程中的具体方法和步骤，同时明确具体要求。

4.2.2 加强饭店服务质量教育工作

要提高饭店服务质量水平，就必须加强饭店服务质量教育工作。只有不断加强饭店服务质量教育，才能使每一位员工高度重视服务质量，增强质量意识，从我做起，从小事做起，从而全面提高饭店的服务质量。

1. 质量教育工作的主要任务

质量教育工作的主要任务在于不断增强饭店全体员工的质量意识，掌握和运用质量管理的方法和技术，牢固地树立“质量第一”的思想及明确自己在提高服务质量中的责任，从而自觉地提高服务操作技术水平和业务管理水平。

2. 质量教育的内容

饭店服务质量教育工作包括以下两个方面的内容。

（1）对员工进行服务质量管理的教育

树立和强化全体员工服务第一的思想，提高质量意识是进行质量教育的主要目的。饭店员工只要具有高度的质量意识，就能忠于职守，努力提高自己的服务技能，为客人提供满意的服务。同时，还要教育全体员工掌握全面质量管理的基本理论和科学方法，自觉提高服务质量，自觉参加服务质量管理。

（2）业务技能教育与培训

饭店要保证服务质量，必须提高员工的思想素质、业务素质和管理水平。因此，质量教育必须要与对员工的业务技能教育与培训结合在一起。

3. 做好质量教育的基本要求

（1）管理者高度重视

没有饭店管理层的理解和支持，全面质量管理的全员性是不可能实现的。饭店管理者，尤其是饭店的高层管理者应高度重视服务质量教育工作，为质量教育工作提供便利条件，以保证此项工作的顺利开展。

（2）质量教育要分层次进行

按饭店的管理阶层，可以把质量教育的对象分为领导层、管理骨干层、一般员工层三个层次，不同层次教育对象质量教育的内容不同。对领导层进行质量教育主要是解决质量意识问题，使他们在工作中重视质量管理；管理骨干层是进行质量教育的重点，对他们除了要进行质量教育外，重点要放在质量管理理论和方法的教育上；对一般员工层，要把质量教育同业务技能培训有机地结合起来。

（3）质量教育要坚持多样性、系统性和经常性

多样性是指质量教育的形式应是多种多样的，除了课堂授课、现场教学外，还可采用一些其他教育形式，如参观学习、知识竞赛、情景训练等活动。系统性是指饭店应有系统地安排质量教育计划和日程，制订的教育计划要短期、中期、长期计划相结合。经常性是指质量教育必须持之以恒，要把质量教育当作一项主要的、经常性的工作列入工作日程。

4.2.3 饭店服务质量管理的工作程序

目前，世界各国在质量管理中普遍运用的基本方法是 PDCA 工作循环法。PDCA 工作循环是指质量管理工作中要有四个阶段：第一阶段是计划阶段（plan），这个阶段是质量管理的决策阶段，企业根据内外情况，进行质量决策，并形成各种质量计划，按计划制定顺序确定计划；第二阶段是实施阶段（do），即企业按照计划，切实地去实施；第三阶段是检查阶段（check），是运用一定的方法对实施结果进行检查，并对照计划找出偏差，分析偏差原因；第四阶段是处理阶段（action），即总结经验，以便提高。成功的经验要经过加

工给予标准化，以便今后照此办理；失败的教训、出现的问题也要及时总结，以消除消极因素，防止以后再犯。

按 P—D—C—A 的循环进行质量管理，就能不断提高质量。PDCA 工作循环不是简单的循环，而是每循环一次都要有新的内容和提高。

1. 饭店 PDCA 工作循环的具体内容

(1) 计划阶段

计划阶段的工作内容包括以下四个步骤。

1）分析现状，找出存在的质量问题。饭店可从劳务质量、设施质量等方面来分析现状，并找出存在的质量问题。例如，劳务质量中，服务人员的着装是不是统一、美观、大方，服务态度是不是热情、诚恳、礼貌，服务方式是不是规范，服务技巧是不是熟练、过硬，服务项目是不是多样化，等等。在调查现状时，要注意掌握事实，用数据说话。如果问题很多，应当抓住几个主要问题作为突破口，先加以解决。

2）分析影响质量问题的因素，即运用因果分析法分析质量问题产生的原因。

3）找出影响质量问题的主要因素。从影响服务质量的诸多因素中区分主要因素和次要因素、可控因素与非可控因素，明确主攻方向。

4）制定解决主要质量问题的计划与措施。根据本饭店的实际情况制定切实可行的计划与措施。

(2) 实施阶段

实施阶段只有一个步骤：实施计划。根据计划实施的实际情况，及时发现问题并立即加以纠正，以保证计划有效地执行。同时，注意建立严格的考核制度，奖优罚劣，严于督促，保证各项计划和任务真正落到实处。

(3) 检查阶段

检查阶段也只有一个步骤：检查计划执行情况。检查应有科学性，即评价执行情况要以计划为依据，避免主观随意性。检查执行情况也要全面客观地分析各种影响因素，对计划内容的合理性做出符合实际的评价。

(4) 处理阶段

处理阶段包括以下两个步骤。

1）总结经验和教训。对已解决的问题提出巩固措施，并使之标准化；对未取得成效的质量问题，要总结经验教训，提出改进意见。

2）将遗留问题转入下一个循环。提出新一轮未解决的重要服务质量问题，并将这些问题转入下一个循环。

至此，才算完成了 PDCA 过程，并可继续转入下一个 PDCA 过程。如此延续下去，则成为无止境的 PDCA 循环运动。

饭店服务质量管理工作的程序如图 4-1 所示。

2. 饭店 PDCA 工作循环的特点

(1) 按照四个阶段不停地转动，先后顺序不能变

PDCA 的四个阶段构成了一个完整的循环过程，缺少任何一个阶段或颠倒顺序，管理工作将无效。

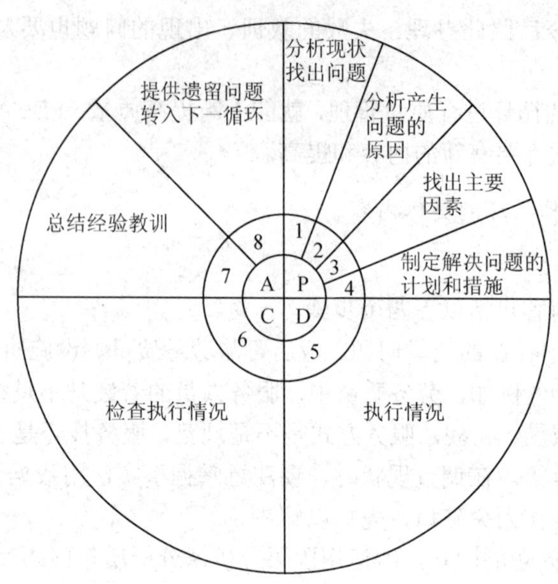

图 4-1　饭店服务质量管理工作程序

（2）大环套小环，互相促进

在 PDCA 的每一阶段里，还有小的 PDCA，并且小环一定要跟随大环转动。一家饭店每年的工作安排有一个总的循环大环，在这个大环里，各职能部门又有各自的具体工作安排，同样有自己的 PDCA 小环。这样以此类推，包括每个小组、每个人都要有自己的 PDCA 工作体系，由此全饭店的工作就形成了一个大环套小环，不断循环，使饭店的各项工作不停地循环前进。

（3）PDCA 循环每转动一次就要提高一步

PDCA 循环不但要周而复始地转动，而且要不断上升，不断提高饭店的服务质量，使饭店质量管理水平“步步高”。

（4）PDCA 循环是综合性的循环，不能机械地把这四个阶段分离

PDCA 循环虽然把工作分为四个阶段，但并不等于把这四个阶段截然分开。在实际工作中，往往是边计划边执行、边执行边检查、边检查边处理、边处理边计划。

4.3　饭店服务质量管理体系认证

4.3.1　国际标准化组织

国际标准化组织（International Organization for Standardization，ISO）是世界上最大的国际标准化组织，成立于 1947 年 2 月 23 日，负责除电工、电子领域之外的所有其他领域的标准化活动。ISO 最高权力机构是每年一次的“全体大会”，其日常办事机构是中央秘书处，设在瑞士的日内瓦。

1. ISO 9000 标准族

国际标准化组织在 1987 年正式发布了 ISO 9000 系列标准（9000～9004）的第一版，并首先在工业界得到广泛的承认，被各国标准化机构所采用，成为 ISO 标准在国际上销路最好

的一个。至今全世界已有 150 个国家和地区将 ISO 9000 国际标准作为国家标准直接采用，我国也于 1988 年发布了等效采用该国际标准的 GB/T 10300 标准系列，1993 年又发布了等同的 GB/T 19000 族标。1995 年我国又发布实施了与国际服务标准 ISO 9004—2 完全等同的中华人民共和国国家标准 GB/T 19004.2—1994《质量管理和质量体系要素 第 2 部分：服务指南》。该标准对服务质量体系提出了标准化要求，标志着我国服务质量的管理已进入了与国际接轨的阶段。

2. ISO 9000 的特点和益处

1）ISO 9000 标准是一系统性的标准，涉及的范围、内容广泛，且强调对各部门的职责权限进行明确划分、计划和协调，使企业能有效地、有秩序地开展各项活动，保证工作顺利进行。

2）强调管理层的介入，明确制定质量方针及目标，并通过定期的管理评审达到了解企业的内部体系运作情况，及时采取措施，确保体系处于良好的运作状态的目的。

3）强调纠正及预防措施，消除产生不合格或不合格的潜在原因， 防止不合格的再发生，从而降低成本。

4）强调不断的审核及监督，达到对企业的管理及运作不断地修正及改良的目的。

5）强调全休员工的参与及培训，确保员工的素质满足工作的要求，并使每一个员工有较强的质量意识。

6）强调文化管理，以保证管理系统运行的正规性、连续性。如果企业有效地执行这一管理标准，就能提高产品（或服务）的质量，降低生产（或服务）成本，建立客户对企业的信心，提高经济效益，最终提高企业在市场上的竞争力。

4.3.2　质量管理体系认证

1. 质量管理体系认证的含义

质量管理体系认证，又称质量管理体系的评价与注册，是指由权威的、公正的、具有独立第三方法人资格的认证机构（由国家管理机构认可并授权的）派出合格审核员组成的检查组，对申请方质量管理体系的质量保证能力依据质量保证模式标准进行检查和评价，对符合标准要求者授予合格证书并予以注册的全部活动。由此可以看出，质量管理体系认证是第三方从事的活动。质量认证的基础是技术标准，质量认证的对象是产品或服务。

2. 质量管理体系认证的作用

1）从用户和消费者角度看：能帮助用户和消费者鉴别企业的质量保证能力，确保购买到优质满意的产品。

2）从企业角度看：能帮助企业提高市场的质量竞争能力；加强内部质量管理，提高产品质量保证能力；避免外部对企业的重复检查与评定。

3）从政府角度看：能促进市场的质量竞争，引导企业加强内部质量管理，稳定和提高产品质量；帮助企业提高质量竞争能力；维护用户和消费者的权益；避免因重复检查与评定而给社会造成浪费。

3. 质量管理体系认证的阶段

质量管理体系认证大体分为两个阶段：一是认证的申请和评定阶段，其主要任务是受理并对提出申请的企业质量体系进行检查评价，决定能否批准认证和予以注册，并颁发合格证书；二是对获准认证的企业质量体系进行日常监督管理阶段，其目的是使获准认证的企业质量体系在认证有效期内持续改进并满足质量体系标准的要求。

4.3.3 饭店服务质量管理体系的建立

加强服务质量管理，创造服务精品，是饭店营造核心竞争力、使饭店立于不败之地的战略任务。由于市场竞争的不断升级和服务对象的日趋成熟，现在已步入顾客选择品牌的时代。要想在激烈的市场竞争中站稳脚跟并不断发展壮大，就要牢固树立以质量求生存、以质量求信誉、以质量求市场、以质量赢得效益的质量观。因此，饭店要建立全面服务质量管理体系，以健全的服务质量管理体系、完善的服务质量保证制度和多种服务质量检查控制的方式方法保证饭店服务质量。

饭店服务质量管理体系的具体内容如下：

1. 组织领导体系

有效的组织领导体系是饭店全面质量管理的组织保证。其特点是总经理负责，质管部经理和各部门经理成为全面质量管理的直接责任人，部门以下均开展质量小组活动，各部门质量分别由质管部经理和质量检查员负责督导检查，定期评比。

2. 质量标准体系

质量标准体系是饭店全面服务质量管理体系的核心内容，也是服务质量管理的重要基础工作。只有健全饭店服务质量标准体系，全面服务质量管理才有客观依据和奋斗目标，也才能做好全面服务质量管理工作。

3. 服务程序体系

服务程序体系是饭店全面服务质量管理体系的重要内容，也是标准化管理的前提和基础。饭店全面服务质量管理的标准化体系和程序化体系是互相联系、互相依存、互为条件的。为此，在建立饭店全面服务质量管理的标准化体系的同时，也要建立程序化质量体系。

4. 制度化管理体系

制度化管理体系是为保证饭店标准化、程序化质量体系的贯彻实施，运用规章制度所进行的服务质量管理工作。制度化管理的目的在于用规章制度来规范员工的行为，协调各项质量管理工作和服务操作的关系，消除全面质量管理工作中可能发生的混乱现象，保证饭店各项服务的顺利进行和服务质量标准的贯彻落实。它以质量责任制度为中心，以质量管理制度和质量规范制度为保证。

5. 全面质量管理信息体系

饭店全面质量管理信息体系由从上到下的信息传递和从下到上的信息反馈构成。它是贯彻质量方针、质量目标，推行标准化、程序化、制度化管理，收集了解质量反馈、客人意见等的重要条件。饭店全面质量管理信息体系的内容包括质量标准贯彻实行状况，质量制度、程序落实情况，质量管理中存在的问题等。但就其质量信息的传递和反馈渠道而言，其信息体系构成则与全面质量管理的组织领导体系基本相同。

4.3.4　饭店服务质量管理体系认证的程序

1. 提出申请

饭店按照规定的内容和格式向体系认证机构提出书面申请，并提交质量手册和其他必要的信息。质量手册内容应能够证实饭店的质量管理体系满足所申请的质量保证标准（GB/T 19001 或 GB/T 19002 或 GB/T 19003）的要求。

体系认证机构在收到饭店认证申请之日起 60 天内做出是否受理申请的决定，并书面通知申请饭店。如果不受理申请应说明理由。

2. 体系审核

体系认证机构指派审核组对申请饭店的质量管理体系进行文件审查和现场审核。文件审查的目的主要是审查饭店提交的质量手册是否满足所申请的质量保证标准的要求；如果不能满足，审核组需向申请饭店提出，由申请饭店进行澄清、补充或修改。只有当文件审查通过后方可进行现场审核。现场审核的主要目的是通过收集客观证据检查评定申请饭店的质量管理体系的运行与质量手册的规定是否一致，证实申请饭店符合质量保证标准要求的程度，在此基础上做出审核结论，向体系认证机构提交审核报告。

审核组的正式成员应为国家注册审核员，其中至少应有一名注册主任审核员。必要时可聘请饭店管理专业人士作为技术专家协助审核工作。

3. 审批发证

体系认证机构经过审查审核组所提交的饭店审核报告，对符合规定要求的申请饭店批准认证，向饭店颁发体系认证证书，证书有效期三年；对不符合规定要求的饭店也应发出书面通知，提出改进意见。

体系认证机构应对社会公布通过审核的饭店注册名录，其内容应包括注册的质量保证标准的编号、年代号和所覆盖的服务产品范围。通过注册名录向注册饭店的潜在顾客和社会有关方面提供对于通过审核并注册的饭店的质量保证能力的信任，使饭店获得更多的客户，占领更大的市场份额，从而树立饭店形象，提高经济效益。

4. 监督管理

对获准认证后的饭店，在质量管理体系的监督管理方面主要有以下几项规定。

1）标志的使用。证书的持有饭店应按体系认证机构的规定使用其专用的标志，不得将标志使用的范围随意扩大或改变，防止顾客误认为产品获准认证。

2）通报。证书的持有饭店改变其认证审核时的质量管理体系，应及时将更改情况报体系认证机构。体系认证机构根据具体情况决定是否需要重新审核质量管理体系。

3）监督审核。体系认证机构对证书持有饭店的质量管理体系每年至少进行一次监督审核，以使其质量管理体系继续保持。

4）监督后的处置。通过对证书持有饭店质量管理体系的监督审核，证实体系继续符合规定要求的，则保持其认证资格；如果证实其体系不符合规定要求，则视其不符合的严重程度，由体系认证机构决定暂停使用认证证书和标志或撤销认证资格，收回其体系认证证书。

5）换发证书。在证书有效期内，如果遇到质量管理体系标准变更，或者体系认证的范围变更，或者证书的持有饭店变更，则证书持有饭店可以申请换发证书。

6）注销证书。在证书有效期内，由于体系认证规则或体系标准变更或其他原因，证书的持有饭店不愿保持其认证资格的，体系认证机构收回其认证证书，并注销认证资格。

课后小结

饭店服务质量是指饭店提供的实物产品和服务在使用价值上（包括精神上和物质上）适合和满足宾客需要的程度。它是饭店的生命线，是饭店日常管理的中心工作。饭店服务质量包括有形产品质量和无形产品质量两大方面的内容。

为了达到饭店服务质量管理的基本目标，饭店必须制定服务规程，加强质量教育工作，采用科学的服务质量管理方法。饭店服务质量管理的基本方法是 PDCA 工作循环法。

随着中国饭店业的迅猛发展，要提高饭店服务质量，加强饭店服务质量管理，增强饭店的竞争能力并与国际接轨，就要建立全面的质量管理体系。质量管理体系的具体内容包括组织领导体系、质量标准体系、服务程序体系、制度化管理体系、全面质量管理信息体系等。

思考与练习

1. 什么是饭店服务质量？
2. 饭店服务质量的内容包括哪些方面？
3. 饭店服务质量具有哪些基本特性？
4. PDCA 工作循环包括哪些基本步骤？
5. 什么是质量体系认证？
6. 什么是 ISO 9000？ISO 9000 具有哪些特点？
7. 简述饭店服务质量管理体系认证的具体工作程序。

第5章 饭店人力资源管理

【案例导入】

小张是某饭店一名房务部的楼层清卫员，近段时间以来，她很烦躁，感觉事事不顺，每天做着枯燥乏味的卫生清洁工作，脾气变得越来越暴躁，与同事的关系也越来越紧张，还时不时地要受领班的批评，刚毕业时的宏伟理想好像离自己越来越远，遥遥无期。她开始怀疑自己是不是选错了专业，不适合饭店行业，但也不知道该去做什么。

时间不长，小张向部门经理申请提出要调换到其他部门。由于她的性格比较内向，经理做她的思想工作，建议她继续在房务部工作。

工作一段时间之后，小张感觉还是没有改变原来的状态，听到周围的朋友讲饭店行业是吃青春饭，又了解到自己的同学在上海的一家房地产公司做销售小姐，她很想去做，于是，她向饭店提出了辞职申请。

接到她的辞职申请后，人力资源部经理按照常规与她进行了一次离职约见。询问到离职原因时，她只说不适应饭店的工作。询问到她的去向时，小张回答要去上海做售楼小姐。问到她对售楼小姐的了解时，她回答先去看看再说。人力资源部经理感觉小张的职业方向性不是很明确，鉴于她所学的专业是饭店服务与管理，她刚被招聘来时对工作满怀热情，还有可以挽回的希望，就同小张进行了一次围绕她的职业规划议题的深入谈话。从她本人的性格、职业特长分析，描绘了她若干年以后的工作理想，帮助她做了一份个人职业规划设计。经过两小时的深入交谈，小张的眉头舒展开了，对自己的职业发展重新充满信心，答应人力资源部经理她会继续在饭店做下去，并立志在饭店行业进一步发展。

[**分析**] 此案例在饭店业里比较常见，饭店行业是一个人员流动率相对大的行业，如何在日常的管理过程中体现出"以人为本"的管理思想，如何关心员工，需要从一点一滴做起，从细微处关注。在管理过程中如何帮助员工进行职业规划，是饭店人力资源部需要重视和研究的课题。

从这个案例中我们可以得出以下几点结论:

1）在日常的饭店管理过程中，除按照制度对员工加强管理外，还需要经常性地了解员工的思想动态，关心他们的思想、生活。若员工的情绪发生变化，就需要从侧面了解他的一些情况（如家庭、个人情感、个人思想等），在管理过程中给予人性化管理。基层管理人员，如领班级和主管级，对员工在工作中出差错就批评，不是管理的最佳方法。

2）部门在管理中，应定期进行员工思想教育。饭店的培训教育大多偏重知识技能而忽略政治思想教育，政治思想教育应引起饭店管理人员的重视。

3）饭店员工的职业规划应成为管理者的一个课题，特别是人力资源部。从事饭店行业的人员大多都是年轻人，他们大多缺乏对自己职业的规划，在日常的管理中，根据员工的个人状况帮助他们实现个人生涯，无论对饭店还是对员工都是一个双赢的举措。

【学习目标】

1. 了解饭店人力资源管理的概念和特点、目标与要求。
2. 了解饭店人力资源管理的内容。
3. 认识人力资源是饭店中最基本、最重要、最宝贵的资源。
4. 理解人力资源的开发和利用是饭店经营管理的中心问题。
5. 掌握饭店人力资源管理的各种原则和方法。

【学习重点】

1. 饭店人力资源管理的基本含义。
2. 饭店人力资源的培训、饭店人力资源的利用、饭店员工的激励。
3. 饭店人力资源的招聘。

【学习难点】

1. 饭店人力资源的利用。
2. 饭店人力资源的激励。

在现今市场经济中，饭店竞争归根结底是人力资源的竞争。无论是市场开发、品牌培育还是正常的经营和管理，甚至是资本的筹措等，都是人力资源的具体运作。饭店人力资源状况不仅直接决定饭店的经营和发展，而且决定饭店是否具备市场生存的长久生命力。不重视人力资源管理，或者破坏性使用人力资源的饭店，最终会因为人力资源瓶颈而阻碍饭店的发展和壮大。相反，始终致力于人力资源培育和优化的饭店，终能享受人力资源在饭店生产经营中的几何倍增作用。

5.1　饭店人力资源管理概述

5.1.1　人力资源

资源，从经济学角度来讲，就是为了创造物质财富而投入生产活动中的一切要素，主要包括原材料、资本、信息及劳动。资源一般分五类：自然资源、资本资源、信息资源、时间资源和人力资源。

1. 人力资源的概念

人力资源观念起源于 20 世纪 60 年代，原被称作“人事管理”。从宏观上讲，人力资源一般是指能够推动国民经济和社会发展的劳动力的总和。具体而言，人力资源是对一个社会所拥有的智力劳动能力和体力劳动能力的人们的总称。人力资源主要包含四个方面的内容，即人的体质、人的智力、具有特定范畴的人才、人的意识观念状态和道德标准。

2. 人力资源的特点

人力资源作为企业第一资源，具有以下特点。

（1）能动性

人力资源存在于人的生命活动与主观愿望之中，与物质资源有着本质的区别。在经济活动中，人力资源居主导地位，是最积极、最活跃的生产要素，其能动性主要表现在自我强化、自我完善和自我提高方面。

（2）再生性

人力资源是一种可再生资源，与物质资源相似，人力资源在使用过程中会有不同程度的损耗，主要体现在人员个体的疲劳、衰老及体质和技能的下降。人力资源的损耗不可避免，但是可以通过不同形式的预防和治疗，特别是采取有针对性的培训措施，减缓或者避免这种损耗。

（3）时效性

因为人力资源存在于人的生命活动中，这种工作能力的形成和使用均受到时间的限制。作为生命有机体的人，有生命周期的特点。幼年、青年、壮年和老年，每个时期的体力和智力水平不同，工作能力和效率也不相同。

（4）生产与消费两重性

人力资源既是企业创造财富的生产资源，又是企业进行投资的结果，与其他资源具有一样的投入产出规律。一方面，不管企业的员工能否为企业创造经济效益，都需要消耗企业的成本和费用；另一方面，企业员工的生产行为受年龄、能力、机会等多种因素的影响而有所不同。

（5）社会性

人力资源是一种社会资源，人是社会存在与自然存在的统　。人力资源是社会的主体，又是人类社会活动的结果。从宏观分析，人力资源的形成、配置和使用要通过社会进行；从微观分析，人类社会是群体劳动，不同的人分别处于不同的劳动组织中。因此，人力资源管理既要关注经济效益，还要重视社会效能。

5.1.2　人力资源管理

1. 人力资源管理的概念

人力资源管理是管理学中一个崭新的领域，是一个企业为实现企业目标、提高效率，运用心理学、社会学、管理学和人类学等相关的科学知识和原理，对企业中的人力资源进行规划、培训、选拔录用、考核激励的计划、组织、控制和协调的活动过程。

从企业的微观角度出发，人力资源管理就是根据企业经营发展的需要，通过不断地获得人力资源，并把得到的人力整合到组织中，保持和激励其对本组织的忠诚与积极性，控制其工作绩效并进行相应的调整，尽量开发其潜能，以期达到人力与企业协调发展的活动、职能、责任和过程的总和。

2. 人力资源管理与传统人事管理的区别

现代人力资源管理是以传统人事管理为基础发展起来的，但二者却有诸多不同，其不同之处在于以下几个方面。

（1）对人的认识不同

传统的人事管理将人视为成本，视为生产过程的支出和消耗，同物质资源一样，生产过程中尽量降低人力成本，以提高产出率。例如，企业实施的“减员增效”工作，其目的就是通过减少员工，降低人工成本来提高企业生产率。

人力资源管理认为，人力不仅是一种资源，更重要的是一种特殊的资本性资源。例如，许多企业不再一味削减有关部门员工的开支，而是每年都要从总利润中拨出大量的资金用于员工的培训。这些企业看重的是人力资源蕴藏的巨大潜能，而这种潜能使人力资本投资收益率高于其他一切资本的投资收益率。

（2）重视程度不同

传统的人事管理在企业中被当作事务性的管理，与企业的高层规划决策毫无关系，人事管理人员的工作范围仅限于管理工资档案、人员调动等执行性的工作。

在现代企业中，人力资源被视为比其他资源更为宝贵的资源。人力资源管理被提升到一定的高度，甚至上升到企业的决策层，人力资源的管理人员在企业中的地位也得到大幅度提高。

（3）管理方法不同

传统的人事管理是被动、静态、孤立的管理，在这种观念下，员工从开始工作起，便被被动地分配到某个岗位，直至退休。有关部门人事管理中的招聘、录用、工资管理、奖惩、退休等环节的工作被人为地分开，由各部门孤立地进行管理。

现代人力资源管理是建立在市场经济基础之上，按照市场经济法则，对人力资源的招聘录用、绩效考评和培训发展等进行全过程的、主动的、动态的管理。其各个环节紧密结合，主动地对人力资源的各个方面进行开发利用，使得人力资源流动渠道畅通，企业能不断地吐故纳新，保持活力。

（4）基本职能不同

传统的人事管理是行政事务性的管理，强调具体操作，如人员招聘录用、档案管理、人员调动、工资奖金发放等。

现代人力资源管理在传统人事管理的基础上增加了人力资源规划、人力资源开发、岗位与组织设计、行为管理和员工终身教育培训等内容，使现代人力资源的管理更具计划性、战略性、整体性和未来性。这是现代人力资源管理的精髓，也是现代人力资源管理与传统人事管理的最大区别。

5.1.3 饭店人力资源管理的概念、发展和特点

1. 饭店人力资源管理的概念

饭店人力资源管理就是恰当地运用现代管理学中的计划、组织、指挥、协调、控制等职能，对饭店的人力资源进行有效的开发、利用和激励，使其得到最优化的组合和最大限度发挥其积极性的一种全面管理。其终极目标是以推动饭店业可持续发展为目的，结合饭店业自身的行业特点，将现代科学的人力资源管理理论应用于饭店企业管理当中，为饭店从业人员提供包括人力资本升值在内的服务，满足员工的需求，从而实现顾客的满意，促进饭店的顺利发展。

2. 饭店人力资源管理的历史发展和演变

自从有了饭店和饭店管理以后，饭店人力资源管理就客观存在了。结合饭店的历史发展和演变，饭店人力资源管理一般可以分为以下几个阶段。

（1）原始雇用型阶段

饭店最初的存在形式是家庭式的。当饭店处在家庭式经营阶段时，饭店的人力资源管理

也是家庭式的原始雇用型，具体表现在：家庭的主要成员作为饭店的决策者和经营管理者，而其他人员均属于临时雇用，被雇用的人只要按照主人的吩咐工作就行了。这一阶段的主要特点：饭店决策者是家族的主要成员，工作人员既可以是本家族的成员，也可以是外雇的非家族成员，工作中以家族中的决策者的意志为工作指令和标准，采取师傅带徒弟的方法，既没有明确的法律关系约定，雇用者也缺乏个人权益的法律保障。

（2）高级雇用型阶段

随着企业管理理念的不断成熟和现代饭店的不断兴起，饭店中的人力资源管理开始进入高级雇用型阶段。在这一阶段，雇用者和受雇用者之间的关系逐渐趋于理性，已经开始在法律的框架下进行双方关系的约定，主要表现为雇用劳动合同的签订，劳资双方的关系可以在法律的基础上运作，被雇用者受雇用者的绝对支配已经不复存在。

（3）资源管理型阶段

由于饭店工作的高度重复性、员工在工作中如同一般劳动工具的感觉等因素的影响，使得饭店行业的员工流动率比较高，这也直接影响到饭店工作质量的稳定，造成对工作的影响。这一局面迫使饭店管理者认识到，人并不是一个简单的工具，从而开始自觉地考虑解决的办法。随之，一系列保持员工队伍稳定的措施逐渐得到推行，饭店中的雇用者也不再是雇主手中随意支配的工具，现代意义上的饭店人力资源管理逐渐形成。

3. 饭店人力资源管理的特点

饭店人力资源管理讲求"以人为本"的管理原则，凡是涉及人的问题，都是饭店人力资源管理研究的对象。饭店人力资源管理既包括传统的人事管理，又包括运用各种管理方法对员工潜能的开发与利用。其特点如下：

（1）饭店人力资源管理是对人的管理，人是第一位的

人力资源是饭店最宝贵的资源，为了充分调动员工的工作积极性和主动性，饭店管理者应客观地分析、正确地认识饭店中的员工，进而树立"宾客至上、员工第一"的管理观念。

（2）饭店人力资源管理是科学化的管理

现代饭店人力资源管理是一项复杂、综合性的系统工程，饭店人力资源管理必须以一套标准化、程序化、制度化和定量化的管理系统作为保证，从而进行科学化的管理。

（3）饭店人力资源管理是全员性的管理

饭店人力资源管理工作涉及饭店的每一个部门和管理者，它不仅包括饭店人力资源部对全体员工的培训与考核，也包括饭店全体管理人员对下属的督导与管理。

（4）饭店人力资源管理是动态的管理

饭店管理者不仅要根据饭店的整体目标选拔合适人才，对饭店员工的录用、培训、奖惩、晋升和退职等全过程进行管理，而且应注重对员工工作的动态过程的管理。

5.1.4　饭店人力资源管理的目标

饭店人力资源管理必须做到严格遵循科学管理原则，坚持"寓教与管"，坚持"以理服人"，从长远战略的角度进行人力资源管理。只有这样，才能保证发挥饭店中人力资源的管理作用，努力追求饭店人力资源管理的最高目标。饭店人力资源管理的目标如下：

1. 建立一支专业化的员工队伍

饭店要正常运转并取得良好的经济效益和社会效益，不仅要有与饭店各个岗位相适应的员工数量，而且这些员工的素质要符合饭店业务经营的需要。任何一家饭店想在竞争中取胜，就必须重视造就一支专业化的员工队伍。简单地说，专业化的员工就是指具有饭店意识和良好职业习惯的员工。因此，饭店管理者首先要根据饭店的特点和经营发展的需要，精心挑选适合且乐于从事此项工作的员工。其次，要加强对员工的培训和提高，不仅要进行业务技能的培训，更要培养员工的饭店服务意识和职业自豪感。另外，管理者还应通过科学的管理和有效的激励，激发员工的工作热情，最终形成一支高素质的专业化员工队伍。

2. 形成最佳的员工组合

一支优秀的员工队伍，必须经过科学的配置才能形成最佳的人员组合，即每个人和其他人的行为协调一致，形成合力，共同完成饭店规定的目标。否则，即使员工非常优秀，也未必能够保证取得好的成效。因此，在饭店经营管理活动中，管理者应制定明确的岗位职责，并使每个员工权责相当，能够各尽所能，形成最大的工作效能。

3. 充分调动员工的积极性

人的管理实质上并非管人，而在于得人，谋求人和事的最佳配合，正所谓“天时不如地利，地利不如人和”。因此，饭店人力资源管理的最终目标就是充分调动员工积极性，即“得人”，也就是通过各种有效的激励措施，发挥最佳的群体效应，创造一个良好的人事环境，使员工安心工作、乐于工作，最大限度地发挥员工的积极性和创造性。为达到这一目标，饭店应建立一套科学的人力资源管理体系，包括招聘员工的程序和方法、培训制度及优化结构、发挥最佳群体效应的措施等。

5.2 饭店人力资源管理的内容与方法

人力资源部是饭店的职能部门之一，一般下设人事调配、劳动工资、人员培训等岗位。它的主要任务是贯彻执行国家劳动人事工作方针政策，开发人力资源；根据饭店发展需要适时调整机构设置和定员，招收招聘新员工，做好员工的培训教育；建立和健全工资分配、考核晋升、聘任、奖惩、劳保福利等各项规章制度和实施细则，以及办理员工的离退职及相关手续等。饭店人力资源管理的主要内容是制订饭店人力资源计划，招收和录用员工，组织实施员工培训，建立员工薪酬管理与绩效考评体系，为员工构建成长成才机制等。

5.2.1 饭店人力资源计划

饭店人力资源计划是指人力资源部门根据饭店的发展规划，通过对饭店未来人力资源的需求和供给状况的分析及估计，从而研究和制定的包含饭店内部职务编制、人员配置、教育培训、人力资源管理政策、招聘和选择等各个方面的职能性计划。

1. 制订饭店人力资源计划的原则

在制订饭店人力资源计划时，应遵循以下原则。

（1）充分考虑饭店内外部环境的变化

人力资源计划只有充分地考虑了饭店内外环境的变化，才能适应需要，真正做到为饭店发展目标服务。内部变化主要指销售的变化、开发的变化，或者说饭店发展战略的变化、饭店员工的流动变化等；外部变化指社会消费市场的变化、政府有关人力资源政策的变化、人才市场的变化等。为了更好地适应这些变化，在人力资源计划中应该对可能出现的情况做出预测。

（2）确保饭店的人力资源保障

饭店的人力资源保障问题是人力资源计划中应解决的核心问题，它包括人员的流入预测、流出预测、内部流动预测，社会人力资源供给状况分析，人员流动的损益分析等。只有有效地保证了对饭店的人力资源供给，才可能进行更深层次的人力资源管理与开发。

（3）使饭店和员工都得到长期的利益

人力资源计划不仅是面向饭店的计划，也是面向员工的计划。饭店的发展和员工的发展是互相依托、互相促进的关系，如果只考虑饭店的发展需要而忽视了员工的发展，则会有损饭店发展目标的达成。优秀的人力资源计划，一定是能够使饭店每个员工达到长期受益的计划，一定是能够使饭店和员工共同发展的计划。

2. 饭店人力资源计划的内容

按照饭店人力资源计划的编制步骤，一份完整的人力资源计划必须包含以下几个方面。

（1）制订职务编制计划

根据饭店发展规划，结合职务分析报告的内容，制订职务编制计划。制订职务编制计划的目的是描述饭店未来的组织职能和组织模式。通常情况下，如果饭店不进行大的结构调整，这一部分可以简略或者取消。

（2）制订人员配置计划

人员配置计划不仅要求明确饭店的人员编制，而且对于饭店人力资源的永续发展也提出相应要求，如员工的职位晋升、空缺预计及补缺方法等。实际上，预测人员需求是整个人力资源计划中最困难和最重要的部分。因为优化的人力资源计划要求以富有创造性、高度参与性的方法处理未来饭店经营和管理上的不确定性问题。

（3）制订培训计划

培训计划包括培训政策、培训需求、培训内容、培训形式、培训考核等内容。培训是一个持续的过程，而培训会不断面临新的问题，因此，培训计划必须保证在理论上的真实和有效。

（4）制订人力资源管理政策调整计划

计划中必须明确计划期内的人力资源政策的调整原因、调整步骤和调整范围等，其中包括招聘政策、绩效考评政策、薪酬与福利政策、激励政策、职业生涯规划政策、员工管理政策等。

（5）编写人力资源部费用预算

人力资源部门的费用预算主要包括工资总额及年增长比率、招聘费用、培训费用和福利费用等费用的预算。

（6）风险预测及对策

风险预测主要是指在计划期内人力资源可能遇到哪些风险，如招聘困难、员工薪酬不具吸引力等。同时要进行战略预测，提出这些问题的应对办法。

人力资源计划编写完毕后，人力资源部门应积极地与各部门经理进行沟通，根据沟通的结果进行修改，最后提交饭店决策层审议通过，这样才能有效地保证人力资源计划的实用性和有效性。

3. 饭店人力资源计划的作用

人力资源计划对饭店经营和管理有着非常重要的作用，尤其是在大型饭店的组织中，饭店员工各种职务的调整通常都要通过人力资源计划来完成。饭店人力资源计划的作用主要有以下三个方面。

1）人力资源计划可以保障饭店持续发展对员工的需要，保证员工需求的动态平衡，促进饭店人力资源管理规范、有序，促使员工个人发展目标与饭店经营目标相融合，保证饭店人力资源的合理配置，将人力成本控制在适度范围内。

2）有利于满足员工的发展需求，调动员工的工作积极性和创造性。因为人力资源计划充分考虑了员工的职业生涯设计，制定有相应的政策和措施，包括员工晋级、调职轮训及培训进修等，有助于挖掘员工的潜能，调动员工的工作积极性和创造性。

3）突出强调人力资源的动态管理，对经营环境变化有充分的防范举措。市场经济的进一步发展，导致饭店之间的竞争更加激烈，从而势必引起饭店人力资源的紧张和匮乏，经济萧条时甚至导致饭店人力过剩。因此，饭店人力资源部门有必要对外部环境进行持续的分析与评价，及时通过调整人力资源计划做好充分的防范工作。

5.2.2 招收与录用员工

招收和录用员工是饭店人力资源开发的重要内容。招收和录用员工必须根据饭店的经营目标、人员编制计划，以及饭店业务部门对所需员工的工作要求即录用条件，由人力资源部主持进行招聘、考核与挑选。只有坚持以上程序，才能保证合格员工到合适的工作岗位，才能保证最大限度地开发人力资源。

具体来讲，饭店员工的招收和录用是指根据饭店人力资源计划、饭店的经营目标，为保证饭店业务运转的需要，按照国家现行的劳动人事制度，制定一套筛选方法和步骤以判断空缺工作的候选人是否具有担任该工作的资格，经过严格考核，招收符合饭店实际需要的新员工。

当前，饭店劳动力需求的基本特点表现在以下几个方面：一是在饭店业中，低技术岗位、劳动复杂程度低的工种占大多数，高技术、复杂性较高的工种相对用人较少；二是饭店员工队伍年轻化；三是饭店用工机制的不断改革，使得饭店中正式员工比例减少，临时工比例逐渐加大。

1. 招收和录用员工应遵循的原则

为使饭店有限的人力资源发挥尽可能大的作用，饭店管理者在人力资源的使用和招收录用中应把握以下原则。

（1）公平竞争的原则

在招聘时，饭店所有空缺职位向一切最合适的人开放，不管是饭店内部还是外部的应聘者都机会均等。只有这样，才能保证选拔到最满意的人才。在任命一些职位时，可以采取公平竞争的方式，从内部提升员工，通过员工之间的公平竞争，激发其工作热情，促使其主动地开拓新领域和解决新问题，使新的人才脱颖而出。公平竞争最为关键的是竞争的公平性，否则会适得其反。

（2）用人之长的原则

有一句格言，“垃圾是放错位置的宝物”，即一切要素都是有用的，这是要素的共性。在员工的招收和录用过程中，要根据职位的要求，知人善任，扬长避短，为饭店招聘到最合适的人才。

饭店在招聘员工时，不仅要根据工作的需求来进行，而且应按照饭店的人力资源招聘计划招收员工，切莫为了主管人员的主观需要，或为达到个人目的而随意增加人员招聘。

（3）按能授职的原则

按能授职即管理者经过综合考察，根据每个人的才能，把他放在与之相适应的岗位、职位上，使工作的职位与人的能力相匹配。这样才能充分发挥每个人的才能和积极性。

（4）不拘一格的原则

用人应该有“格”，即基本的德与才要具备，但不应拘泥于传统的、不合时宜的条条框框。当遇到具有真才实学的员工时，甚至可以破格提升，不考虑诸如个人经历、工作年限、学历等条件，不论资排辈，以求为饭店选出真正合适的人才。

（5）结构优化的原则

饭店管理者在进行员工配置时，要重视员工组合的互补性，实现结构优化，形成最大合力。在员工组合上，同样数量和素质的一群人，由于排列组合不同就会产生不同的效应。

（6）动态管理的原则

从饭店人力资源的现实来看，由于各种原因，还存在着各种专业技术人员分布不合理、人员比例失调，以及压制人才、闲置人才和用非所长等不合理现象。从人力资源管理角度来说，人员不流动，最优配置是不可能实现的。动态管理就是在人员调配和流动的动态中使用和管理人力资源，充分发挥个人的积极性、创造性，最终达到吸引人才、培养人才，并留住人才的目的。

2. 招收和录用员工的步骤和程序

招收和录用员工是饭店最常做的事情，但很难说都找到了“最合适”的员工，问题的症结一般会出在忽略了选择环节的严密性、客观性和科学性。很多饭店仅仅是通过简单的谈话就草率地对应聘者加以评判，或者根据管理者的个人喜好来选择应聘者。这些缺乏客观标准的选择方式不可能给饭店找到“最合适”的员工。饭店员工的招收和录用一般应在饭店总体人力资源计划的指导下，遵循以下步骤和程序。

（1）确定招收和录用员工的条件

饭店人力资源部应根据饭店各个部门、各个工作岗位所需要的技术和技能等方面的要求，确定拟招收和录用人员应具备的资历、年龄、技术、能力等条件，并制定招收、录用员工的要求和标准。

（2）确定招收和录用的途径

饭店招收和录用员工有多种途径，但主要有以下几种。

1）内部招聘。它是指从饭店内部招聘员工来补充空缺的职位，一般适合于中层和基层管理人员的招聘。内部招聘的优点是容易招聘到合格的人才，有利于发掘和使用内部人才，激发员工的积极性，营建人才辈出的员工成才机制。缺点是受人才的限制，若招聘操作不当，可能诱发员工的抵触和消极情绪。

2）外部招收。它是指从社会上公开招收和录用饭店所需人员，一般适合于饭店基层和普通岗位的岗位补缺。外部招收员工一般可以采用参加招聘会、员工推荐、广告招聘的方式进行。

3）内外公开竞争。这是招聘中层管理人员、基层管理人员、技术人员、专业人员的有效途径，便于饭店挑选理想、合适的人选。

4）从学校毕业生中招聘。这是增加专业管理人员，引进、补充新生力量的主要途径。但是通过这一渠道招收的员工缺乏实际工作经验，需要有一段时间的实际锻炼和强化培训才能上岗工作。

（3）选择招收员工

选择招收员工这一过程首先是确定选择标准。不同的工作岗位有不同的选择标准，除了将招收人员应具备的条件作为选择员工的重要标准以外，还应将招聘人员的工作能力、动机和工作态度、仪表仪容、性格等方面的内容作为选择员工的标准。其次是确定选择的方式。一般可以采用审查档案（包括应聘申请表、工作简历等）、考试、面试等手段进行。

（4）初选录用

初选录用的具体方式主要有面试、笔试、情境模拟测试等。选择的目的是挑选出最合适的员工。首先，招录对象的专业知识、岗位技能必须符合饭店的要求。其次，招录对象的职业道德、个性、工作进取心等非智力因素必须符合饭店的要求。最后，招录对象的成本必须与拟任职岗位相匹配。

（5）试用

试用的目的在于了解招收和录用人员的实际工作能力和态度，试用期一般为 3～6 个月。试用期试用部门和人力资源部门要对试用人员进行定期的综合测评，以便确定是否正式录用。

5.2.3 员工培训

1. 员工培训的意义

对新招收录用的员工，饭店应严格遵循“先培训，后上岗”的原则。对在岗的员工，也应进行不间断的培训。这是因为培训对饭店的正常经营有以下意义。

（1）培训可以提高管理人员的管理决策水平

西蒙说过，“管理就是决策”。管理人员要想进行高水平的决策，思维就应开阔、深入、灵活，意志就要自觉、果断，方法与手段要可行、有效，这样才能保证决策正确。饭店高层管理者和饭店人力资源部门的决策正确与否会对饭店人力资源工作和饭店的社会效益与经济效益产生很大的影响。因此，饭店管理者首先要自觉进行自我培训。

（2）培训可以提高员工素质

随着现代饭店的发展，对员工素质的要求越来越高。无论是管理人员还是基层员工，都应具备完成本岗位工作任务所应具备的专业知识和相关知识，以及相应的管理技巧和服务技能，同时还应具备敬业精神、职业道德与使命感意识，所有这些都是通过习而知之、习而得之的。通过对员工不断地培训—工作—再培训—再工作等一系列锻炼，使员工适应新环境，掌握操作技能，不断补充新知识，以适应工作的需要。同时，培训也有利于增强企业的凝聚力和向心力，充分发挥员工的积极性和创造性，使员工将热情、规范、优质、高效的服务视为自己的责任与义务，从而最终反映在饭店的管理水准与经济效益上。

（3）培训可以为员工的自身发展提供条件，促进服务质量的提高

培训不仅对现代饭店有益，对员工本身也颇有益处。员工经过培训，可以扩大视野，增长知识，提高技能，提高服务效率，进而增加个人收入，也为晋升创造了条件。现代饭店往往把员工的工作绩效与工资奖金挂钩，把每个员工的晋升和发展的机会与他们的自身素质和表现联系在一起。如果不经过培训，不提高自身的素质和能力，不认真工作，不提高服务质量，加薪与晋升这一目标就难以使员工达成。此外，经过培训，可以使员工熟悉业务，成为工作内行，对工作充满信心，提高职业安全感。

（4）培训可以降低损耗和劳动成本

员工如果在工作中时常感到有压力而又缺乏正确的疏导，就会寻找畸形的宣泄渠道，如迟到、工作马虎、服务态度差、人为加大原材料的损耗等，这无疑会加大饭店的劳动力成本费用。如果经常、及时地给员工进行针对性的教育培训，减缓其工作压力，则有助于降低劳动成本和改进服务质量。通过培训，还可以有效减少事故的发生，保证现代饭店员工人身和企业财产的安全。有关专家研究结果显示，培训可以减少 73%左右的浪费。

2. 员工培训的形式

饭店员工培训的形式一般分为入职教育培训、在职培训、转岗培训、升职培训和外送培训等。

（1）入职教育培训

入职教育培训就是由饭店人力资源部门根据员工的招收和录用情况，从求职者中挑选条件合格者参加，由培训员制订培训计划，安排授课教师，联系培训场地，准备教学器材，实施培训。培训结束后，由培训员对受训者进行考试和综合评估，将受训人员的考试成绩及评估情况一并上报人力资源部经理。

（2）在职培训

在职培训就是由培训员根据人力资源部经理审定的年度培训计划，对全体员工分期分批进行各类培训。首先，由培训员将培训安排表发至各部门填报，根据各部门上报的名单调整培训时间与具体安排。其次，根据培训内容要求，做好培训准备工作，按要求实施培训，并做好考核。最后，各部门经理根据本部门员工的素质状况、业务技能等，制订本部门的培训计划，并指定专人负责组织和实施培训，培训员则根据部门培训计划对部门培训进行相应的监督和检查，确保培训效果。

（3）转岗培训

首先，由各部门经理提交转岗人员名单到人力资源部，由人力资源部根据转岗人员的岗位情况对转岗人员进行培训。其次，转岗培训结束后，必须对受训者进行考核，并将培训情况和考核结果上报人力资源部经理，作为此员工转岗与否的依据。

（4）升职培训

升职培训就是由各部门经理将拟升职人员报人力资源部，由培训员根据升职情况，安排培训事宜。培训结束后对受训人员进行考核，并将培训情况与考核结果报人力资源部经理。

（5）外送培训

凡经饭店同意并推荐外送培训者，需提前与部门办理工作交接手续，并提前 10 天到人力资源部办理有关手续，与人力资源部签订培训协议，并了解饭店有关脱产培训的规定。按照培训要求认真参加培训，并遵守培训纪律。培训期间，须及时与人力资源部汇报学习情况并反映培训信息。培训结束后，及时返回饭店，到人力资源部办理返岗手续，办理相关事宜。

3. 员工培训的内容

综上所述，对员工进行培训的益处是显而易见的，现代饭店的发展离不开员工培训。由于饭店员工培训是全员培训，其目的是达到全员素质的总体提高，因此，培训的内容应根据不同对象、不同时期的具体情况加以安排。一般来说，饭店员工培训的主要内容有职业道德的培训、专业知识的培训、能力培训和操作技能方面的培训等。

（1）职业道德的培训

现代饭店职业道德培训教育的首要任务是加强员工对本职工作的道德认识，在服务工作中形成正确的道德观念，逐步确立自己对客观事物的主观态度和行为准则，树立职业道德认识、情感、意志和信念。其次，通过加强道德认识，增强道德情感和信念，磨炼意志，从而使所有员工在本职工作中追求高尚的行为，并能形成长期的职业习惯，将职业道德规范自觉运用到本职工作中去。

（2）专业知识的培训

员工的素质是知识、能力和政治素质的综合反映。知识培训是对受训员工按照岗位需要进行的专业知识和相关知识的教育。由于培训对象不同，培训的深度、侧重点应有所不同。对服务人员培训的重点在于掌握本岗位所需要的基本知识，如饭店礼貌、礼仪、顾客心理及服务技巧等。对管理人员的培训，应侧重管理知识、政策法规知识等。

（3）能力培训和操作技能方面的培训

知识培训是饭店培训的基础，而能力培训则是饭店培训的重点和核心。对饭店从业人员能力的培养应注重理论联系实际，可通过情景培训法、角色扮演法等形式提高员工的处事能力和应变能力。操作技能是能力培训的一个方面，应侧重技能和技巧的培训。例如，对餐厅服务员领位、看台、摆台、上菜、撤盘的培训等，对商务中心文员的计算机打字培训等。

知识链接

TSFC 四步培训法

具有科学性的“TSFC 四步培训法”，具体指：

1）准备（tell you）：课前准备并告知学员培训的相关知识和技能。

2）示范（show you）：示范和重复培训步骤。

3）练习（follow me）：学员在培训师指导下对所学知识和技能进行练习。

4）检查与跟踪（check you）：对学员完成的任务进行检查并给予积极支持和及时反馈。

5.2.4 绩效考核管理

1. 绩效考核的含义

绩效考核是指针对饭店每一个员工所承担的工作，运用各种科学的定性、定量分析方法，对员工工作的实际效果（包括数量、质量、成本费用等）及其对饭店的价值、贡献等进行考核和评价。

绩效考核是对员工在一个既定时期内对组织的贡献做出评价的过程，是激励员工和提高员工士气的有效方法。员工的绩效考核要从员工工作成绩的数量和质量两个方面来进行。饭店人力资源部门通过绩效考核，给予饭店员工扩大工作范围和丰富工作的机会，按照既定的人力资源计划，通过晋升、增加薪酬及其他奖励方法对工作优秀的员工进行激励。绩效考核工作应集中体现员工的工作表现，体现员工的业务水平和工作技能，切忌流于形式。绩效考核结果应通过一定的方式反馈给员工，使员工清楚今后的努力方向和改进措施，保证在取得饭店效益的同时，员工的成长机制得到实现。

2. 绩效考核的意义

1）绩效考核是一种绩效控制的手段，它不仅仅是执行惩戒的依据，也是对员工工作业绩的评定与认可，使员工体验到成就感、自豪感，从而增强其工作满意感。因此它具有激励功能，是提高工作效率、改善绩效不可缺少的措施。

2）根据按劳付酬的原则，绩效考核遵循的是论功行赏的原则。薪酬与物质奖励是激励员工的重要手段，所以绩效考核是薪酬管理的重要工具和重要依据。

3）绩效考核结果是员工调迁、升降、淘汰的重要参考，管理者通过绩效考核可以对员工现任职位的胜任程度及其发展潜力进行评估。

4）绩效考核对于员工的培训与个人发展具有重要意义。一方面，绩效考核能发现员工的长处与不足，对他们的长处应注意保护、发扬，对其不足则需施行辅导与培训。另一方面，对于培训工作，绩效考核不但可发现和找出培训的需要，并据此制定培训措施与计划，还可以检验培训措施与计划的效果。

5）在绩效考核中，员工的实际工作表现经过上级的考察与测试，可通过访谈或其他渠道，将其结果向被评员工反馈，并听取其说明和申诉。因此，绩效考核可以促进上、下级间的沟通，了解彼此对对方的期望。

6）绩效考核的结果可提供给供应、销售、财务等其他职能部门，以供制定有关决策时作为参考。总之，绩效考核可以发现工作中的问题，提升员工技能和业绩，进而提升部门和组织的业绩，促进各部门共同进步。

3. 绩效考核的内容

一般情况下，饭店绩效考核的内容可以从业绩、态度、能力、潜力四个方面入手。

（1）业绩考核

对业绩的考核主要有三个方面。一是员工的适应性，即该员工基于此岗位应该担负起的责任。例如，一位销售经理基于本岗位应该按时提交销售计划，在得到批准后，按照销售计划认真运作。二是对上一级绩效的贡献。例如，一位销售经理对整个销售部门业绩的贡献。三是对流程的贡献。例如，计划人员是经营链条上的一个环节，该人员对整个计划流程的贡献。一般的业绩考核，都可以从这三个方面入手，不论是采用直线-职能制组织形式的饭店，还是采用矩阵制组织形式的饭店，都可以从这几个方面入手，对员工的业绩进行考核。

（2）态度考核

态度在考核中是一个非常重要的因素，因为即使再有工作能力，没有良好的工作态度，也无法实现工作业绩。只有在具有良好的工作态度的前提下，工作能力才能通过内外部环境发挥出来。工作态度是实现良好工作业绩的必要条件。

（3）能力考核

能力考核是为了了解员工在哪些方面还有欠缺，哪些方面需要在今后的培训中予以加强，哪些岗位的任职资格需要修改等。考核能力可以从以下几个方面入手：一是饭店常识、岗位业务及相关专业知识；二是员工技能、技术和技巧；三是员工的工作经验。

（4）潜力测评

潜力测评主要是解决员工还能做什么，针对员工在现任职务工作中没有机会发挥出来的能力进行评价。人力资源管理要讲求“适才适能”。一般情况下，员工刚进入饭店时，人力资源部一般根据其学历、资历来确定其工作岗位，而在实际工作中，这样做有一定的片面性。学历、资历只能表示员工曾经受过什么样的教育，从事过什么样的工作，不能完全作为其能力大小的依据。因此，绩效考核可以测评出员工的潜能。

4. 绩效考核的标准

饭店考核标准直接影响饭店对员工的考核结果，通常考核标准的测评由饭店人力资源部主持进行。考核标准以考核内容为基础，一般分为主观标准和客观标准。主观标准和客观标准各有优点和缺点，因此饭店经常同时使用这两种标准对员工进行科学、全面和有效的考核。

（1）主观标准

主观标准又称定性标准，适用于员工个人特长、工作行为和工作结果的主观描述。在评估内容无法测量的前提下，采用该标准，使用文字进行总结考核。其缺点是缺少客观统一评价，考核结果依靠员工本人和上级主管评价。

（2）客观标准

客观标准又称定量标准，适用于用数字测量的工作岗位及对员工工作成果的测量。其缺点是无法测量员工的具体工作状态。

主观标准和客观标准的具体项目可以结合饭店实际有所不同，一般包括工作质量、合作精神、工作知识、工作主动性、工作数量、学习能力、遵守纪律等。评分结果可以分为不合格、须改进、合格、良好、优秀等。

5. 绩效考核的方法

绩效考核的方法主要有以下三种。

（1）描述法

描述法是指管理人员或者人力资源部定期给每一位员工一份正式的书面反馈报告，指出员工的工作特长及工作中的优点和缺点、个人的发展潜能，并提出具体的改进计划和措施。

（2）评分法

采用评分法要求设计相应表格并列出一系列考核要素。考核要素包括工作数量与质量、出勤情况、工作创新、安全状况等，赋予每个要素不同的分值，人力资源部门或者管理者根据表中的要素及相应赋值，对照考核标准并做出判断，最后由人力资源部门进行汇总和统计，计算员工或班组、部门的考核成绩。

（3）反馈法

反馈法是指综合运用员工本人、直接上级和同事、下级及宾客的总体反馈信息进行考核。

该方法涵盖了不同渠道的信息来源，评估结果比较全面。但是，因为信息的来源渠道广，不易辨别，容易出现偏差，可以作为参考，不宜直接引用到员工的报酬和人事决策工作中。

5.2.5　工资福利管理

饭店人力资源管理的一项重要任务就是建立科学的工资福利制度，合理地确定员工的工资福利水平，从而激发员工的积极性，吸引和稳定高素质的员工，保证饭店获得良好的经济效益和社会效益。工资福利对饭店员工的基本生活需要的满足至关重要，饭店可根据自身的情况选用适当的工资形式，实行合理的工资福利制度。

1. 工资的含义

工资是指饭店根据员工在饭店中所做出的贡献以货币或者实物形式付给员工的酬劳和回报。工资是员工的物质利益基础，也是重要的激励因素，它与员工的切身利益紧密相关，是影响和决定员工工作态度和工作行为的重要因素。

2. 工资制度

工资制度是指根据国家法律和工资政策制定的与工资分配相关的一系列准则、标准、规定和方法的总称。它主要包括工资等级制度、工资形式等内容。

（1）工资等级制度

工资等级制度是工资制度的核心内容，饭店的工资等级制度一般分为以下五类。

1）岗位等级工资制。它是按员工在工作中的岗位确定工资等级和工资标准的一种制度。其特点是以岗定薪、一岗一薪或一岗多薪，员工在达到岗位要求时，才能上岗。改变岗位，才能改变工资。

2）职务等级工资制。它是按饭店员工担任的职务等级规定工资等级和工资标准的一种工资制度。其特点是一职一薪，只能在职务范围内升级。调任新职务，则领新职务工资。

3）岗位技能工资制。它是以按劳分配为原则，以劳动技能、劳动责任、强度、条件等为评价基础，以岗位技能工资为主要内容的工资制度。每多掌握一种技能，则增加其工资额。岗位技能工资制的组成是岗位工资、技能工资。

4）年功工资（工龄工资）制。它根据在本饭店工作的年限确定工资。一般情况下，应对在饭店工作年限长、资历丰富、能力较强、贡献较大的员工，相应地制定较高的工资标准。

5）结构（结合）工资制。它又叫分解工资或组合工资，是职务工资和技术工资的综合。结构工资制目前已被许多饭店所采用。根据各饭店具体情况，结构工资中的工资项目和比例不尽相同，结构工资主要由基础工资、岗位工资、技能工资、效益工资、年功工资、津贴工资六部分组成。其特点是利于发挥工资的各种职能，有较大的灵活性，利于协调职工内部的工资关系，适应性较强。

（2）工资形式

工资形式是对饭店员工实际付出的劳动量和相应劳动报酬所得量进行具体的计算和支付的方法。目前，饭店常见的工资形式主要有：

1）计时工资。它是指根据员工工作时间支付报酬的一种形式。计时工资额按照实际工作时间计算工资，工作时间包含正常工时和加班工时。计时工资制包括小时工资制、日工资制、月工资制三种类型。计时工资的优点是不易产生员工间成绩争议，产品质量较有保障；

缺点是不易激发员工的工作主动性，会出现出工不出力现象，增加监督成本。计时工资制适合不易计件的、脑力型的任务和工作。

2）计件工资。它是指按照员工生产的合格产品的数量多少计算工资。饭店在雇用临时工时一般采用计件工资制。计件工资的优点是依实绩计酬，计算简单，能激发效率，减少管理成本；缺点是容易出现重数量、轻质量、粗制滥造的现象。

3）浮动工资。它是指根据饭店经营成果的好坏，以基本工资为基础，将员工工资所得的一部分与员工的工作业绩相挂钩，实施奖惩的一种工资方式。浮动工资的优点是能激励员工工作的积极性；缺点是容易造成员工工作中华而不实的现象。

（3）工资制度的指导原则

人力资源部在制定饭店工资制度时，必须遵循以下原则。

1）必须遵照国家和地方有关部门关于劳动工资的有关法令政策，包括最低（工资）生活线标准、反性别歧视、劳动加班等。

2）必须考虑当地生活物价指数上涨，相应增加工资以保持原有生活水平。

3）必须坚持工资增长幅度不超过饭店经济效益增长幅度，职工平均实际收入增长幅度不超过饭店劳动生产率增长幅度的“两不超”原则。

4）必须参照当地劳动力市场价格，尤其是同行饭店、类似岗位的工资水平，制定竞争性工资制度。

5）必须适当考虑员工的需求差异，薪资和福利制度要留有弹性、可供选择。

6）必须测算人力成本在总成本中的比例及变动空间，考虑饭店最终对薪资的财务支付能力。

3. 福利制度

福利是员工的间接报酬。目前的趋势是，福利在整个报酬体系中的比例越来越大。福利项目一般包括职工的各类保险、带薪休假、免费午餐、员工食堂或伙食补助、提供交通接送或交通补贴及带薪培训或教育补助等，也包括家庭特困补助、家庭红白事慰问金、抚恤金及节日礼物或优惠实物分配等。饭店员工的福利权利具有差异性，主要差异表现在：一是对饭店全体员工都使用的全员性福利；二是特种福利，如对高层管理人员的交通补助和出差补助等；三是特困补助，主要针对特别困难家庭。饭店应该合理划分各类、各级员工的福利项目范围，既要雪中送炭，又要锦上添花。

关于休假的相关规定

法定休假包括公休假日和法定休假日两大类。根据国务院《职工带薪年休假条例》，职工连续工作 1 年以上的，享受带薪年休假；职工累计工作已满 1 年不满 10 年的，年休假 5 天；已满 10 年不满 20 年的，年休假 10 天；已满 20 年的，年休假 15 天。国家法定休假日、休息日不计入年休假的假期。

5.2.6 员工的激励

在管理学界有的学者认为，员工积极性提高的前提是提高组织管理的水平，即如果不采取组织管理措施，企业就难以有效激励员工。饭店员工努力工作以期创出佳绩，但是他们却不可避免地会遇到一些困难，而这些困难单凭个人力量是既无法克服又不能改变的。因此，完善组织管理是提高员工积极性的前提，这个前提就是建立适合饭店发展的激励方法。

1. 激励的概念

激励，顾名思义，激就是激发，励就是奖励或鼓励。激励是指激发人的动机，使人产生内在的动力，并朝着一定的目标行动的心理活动过程，也就是调动人的积极性的过程。

饭店人力资源管理中激励指人力资源部门采取一定的措施，利用一种或多种外界条件，对个体进行激发，从而使其内部迸发出一种能量来响应外界的刺激，发挥相应的或更大的能量。在饭店人力资源管理中，激励的实际效果与三个要素紧密相连，即激励时机、激励频率和激励程度。

2. 饭店员工激励的原则

对饭店员工的激励需遵循以下原则。

（1）整体需求原则

对饭店内不同工种、不同层次、不同职位、不同年龄结构的员工的各种需求是否给予激励、选择何种激励方式，需根据饭店的实际情况，从饭店经营管理的整体需要出发，尽可能地满足员工的要求，使他们发挥应有的潜力，提高工作效率。

（2）目标一致原则

在激励员工时，要树立明确的目标，使员工个人、班组、部门、群体与饭店有关各方的需求统一起来，这样才能使员工激励取得良好的效果。

（3）积极引导原则

在激励员工的过程中，必须给予员工积极的、及时的、来自多方面的指导。任何一种行为在运作过程中都有可能发生偏差，及时加以指导并纠正这种偏差就显得十分重要。

（4）自我激励原则

激励首先是帮助员工认识自我，使员工能够充分认识到自己潜在的能力。其次，饭店各部门、各级主管都应该教育员工，使他们认识到个人需求得以满足，必须通过自己的不懈努力、勤奋工作才能变成现实。

3. 激励的基本方式

目前，饭店常用的激励方式有以下几种。

（1）需求激励

需求激励是指饭店管理者针对每一位员工不同层次的需求，选用适合的激励方式。例如，针对员工对培训的需求，饭店采取多种形式的培训，既可提高员工的素质、服务技能、专业水平，又可激发员工的工作积极性和主动性。

（2）目标激励

目标激励促使每一位员工关心自己的企业，使之成为提高员工士气和情绪的原动力。在确定饭店目标时，应注意目标的难度与期望值。目标不要定的太高，日常工作中要积极引导员工努力工作，努力达到目标。对那些表现良好、达到目标、完成任务的员工要给予及时的表扬和鼓励。

（3）情感激励

情感激励是对人的行为最直接的激励方式。情感激励的正效应可以焕发出惊人的力量，使员工自觉努力工作。情感激励的关键是，管理者必须以自己的真诚去打动和征服员工。

（4）信任激励

饭店管理者如果充分信任员工并对员工抱有较高的期望，员工就会充满信心，产生荣誉感，增强责任感和事业心，以主人翁的精神对待自己所承担的工作，工作的责任心和主动性就自然增强。

（5）榜样激励

"榜样的力量是无穷的。"以个人或集体为榜样，显得鲜明生动，比说教式的教育更具有说服力和号召力。同时，饭店管理者良好的职业素质、娴熟的职业技能、高度的工作责任心、无私的奉献精神本身就具有榜样力量，无时无刻不激励饭店的员工。

（6）惩罚激励

惩罚激励是指对员工的某种行为予以否定和惩罚，使之减弱、消退，以达到靠强化的方法来激励员工目的的一种激励方式。例如，对工作缺乏责任心的员工给予警告、处罚等。

4. 实施激励措施应该注意的问题

在对饭店员工进行激励的过程中，应注意以下问题。

（1）激励要因人而异

由于不同的员工有着不同的需求，相同的激励措施起到的激励效果也不尽相同。即便是同一位员工，在不同的时间或环境下，也会有不同的需求。由于激励取决于内因，是员工的主观感受，所以，激励要因人而异。在制定和实施激励措施时，首先要调查清楚每个员工真正需要的是什么，将这些需要整理、归类，然后制定出相应的激励措施。

（2）激励奖惩适度

奖励和惩罚会直接影响激励效果。奖励过重会使员工产生骄傲和满足的情绪，失去进一步提高自己的欲望；奖励过轻则会起不到激励效果，或者让员工产生不被重视的感觉。惩罚过重会让员工感到不公，或者失去对饭店的认同，甚至产生怠工或破坏情绪；惩罚过轻会让员工轻视错误的严重性，从而还可能会犯同样的错误。

（3）实施激励措施要公平

公平性是员工管理中一个很重要的原则。任何不公平的待遇都会影响员工的工作效率和工作情绪，影响激励效果。取得同等成绩的员工，一定要获得同等层次的奖励。同理，犯同等错误的员工，也应受到同等层次的处罚。如果做不到这一点，管理者宁可不奖励或者不处罚。管理者在处理员工问题时，一定要有一种公平的心态，不应有任何的偏见和喜好，不能有任何不公的言语和行为。

（4）奖励正确的事情

管理学家米切尔·拉伯夫（Mitchell Labov）经过多年的研究，发现一些管理者常常奖励一些不合理的工作行为。他根据这些常犯的错误，归结出应奖励和避免奖励的九个方面的工作行为。

1）奖励彻底解决问题而不是只图眼前利益的行动。

2）奖励承担风险而不是回避风险的行为。

3）奖励善用创造力而不是愚蠢的盲从行为。

4）奖励果断的行动而不是光说不练的行为。

5）奖励多动脑筋而不是奖励一味苦干。

6）奖励使事情简单化而不是使事情不必要地复杂化。

7）奖励沉默而有效率的人而不是喋喋不休者。

8）奖励有质量的工作而不是匆忙草率的工作。

9）奖励忠诚者而不是跳槽者。

课后小结

人力资源是饭店最基本、最重要的资源，饭店人力资源管理讲求“以人为本”的管理原则，凡是涉及人的问题，都是饭店人力资源管理研究的对象。饭店人力资源管理，既包括传统的人事管理，又包括运用各种管理方法对员工潜能的开发与利用。

饭店人力资源管理是科学地运用现代管理学、社会学、心理学等原理，对饭店人力资源进行有效的开发、管理、使用和激励，从而最大限度挖掘员工潜能，充分发挥其工作的积极性、主动性和创造性，达到最佳配置资源和组合人力的一系列管理活动。

饭店人力资源管理的主要内容包括制订饭店人力资源计划、招收和录用员工、组织实施员工培训、建立员工绩效考核管理、薪酬福利管理与激励员工等一系列工作。

思考与练习

1. 什么是人力资源？人力资源有哪些特点？
2. 现代人力资源管理和传统的人事管理有哪些不同？
3. 什么是饭店人力资源管理？饭店人力资源管理有哪些特点？
4. 饭店人力资源管理包括哪几个方面的内容？
5. 饭店员工培训的内容有哪些？
6. 实施激励措施应该注意哪些问题？

第 6 章

饭店设备管理

【案例导入】

某饭店接到一个特殊的预订电话：三天后，知名残疾人士甄先生将独自前来本市，参加一个重要活动，其家属邓女士要求饭店尽量为甄先生的生活起居提供方便。预订员便向客人推荐了饭店专为坐轮椅客人新增设的残疾人客房。

三天后，甄先生在饭店机场代表的陪同下进入饭店，总台接待员考虑到客人的特殊情况，立即安排甄先生住进饭店专设的残疾人客房，并为客人提供房内登记的方便。

甄先生在行李员的陪同之下来到 3 层位于电梯旁的残疾人客房，他发现门把手特别低，自己坐在轮椅上也可以很方便地打开房门。进了房间，他发现床与床之间的距离特别大，轮椅可以很方便地在床之间回旋，窥视镜、空调开关及疏散图片等的位置都比较低，坐在轮椅上也可以方便地使用。接着，甄先生去卫生间查看，发现卫生间内有许多的扶手，有专用的淋浴轮椅，并配以手持式淋浴器……

甄先生参观完毕，行李员对甄先生说："您需要我帮您做什么吗？"甄先生很放心地对行李员说："你们想得真周到，这儿很方便，我可以自己照顾自己，如果需要的话，我会找你们的。希望不用麻烦你们，因为自己能够照顾自己的感觉真好！"行李员听甄先生这样说，就向客人告辞："甄先生，祝您居住愉快！"然后离开了甄先生的房间。

[**分析**] 在饭店接待的客人中，既有一些有着共同需求的客人，也有一些具有特殊需求的客人。例如，带着孩子外出的客人、各种残疾客人等，这些客人都有自己极其特殊的需求，如果要满足他们的需求，饭店设施设备的配备就必须打破常规，充分考虑这些客人使用的方便，不断进行设备更新。因此，现在许多饭店中出现了诸如儿童套房、无烟客房、女士楼层、残疾人客房（坐轮椅客人房、盲人房）、商务套房及绿色客房等特色客房。有些特种客房不只是满足客人的需求，也体现了饭店的社会责任感，如残疾人客房、绿色客房等的设计。

本案例中的残疾人客房即是一个典型的例子，饭店完全站在残疾客人的角度设计的客房，专为残疾人配备的各种设备，让独自外出的甄先生感到十分满意，并为自己可以照顾自己而感到由衷的高兴。这是饭店给予客人的意外惊喜，体现了饭店设备更新改造的重要性，也体现了饭店的特色。

【学习目标】

1. 了解饭店设备的分类。
2. 了解饭店设备管理的含义和特点。
3. 熟悉饭店设备运行控制的基本环节。
4. 掌握饭店设备的保养方法。
5. 掌握饭店设备的维修方式。

【学习重点】

1. 掌握饭店物资、设备的采购和验收保管的基本方法。
2. 掌握设备管理的基本原则。

【学习难点】

熟悉饭店物资、设备的分类和维护，具备管理者的基本素质和能力。

饭店设备是饭店进行经营业务活动的物质条件。饭店设备的先进与落后、各类设备的完好率都直接影响饭店的档次和服务质量。饭店服务质量的优劣在很大程度上依靠服务设施设备来保证。因此，加强饭店设备管理，对于饭店是非常重要的。

6.1　饭店设备管理概述

饭店设备管理是一种以饭店最佳服务质量和经济效益为最终目标，以最经济的设备寿命周期费用和最高的设备综合效能为直接目标，动员饭店全体员工参加，应用现代科技和管理方法，通过计划、组织、指挥、协调、控制等环节，对设备系统从选购安装、使用维修、更新改造直至设备报废全过程进行的综合管理。

6.1.1　饭店设备的分类

饭店设备种类数量繁多，又分散于各部门，由工程部和各使用部门共同管理。为了管理好设备，首先要对饭店的设备进行分类。

饭店设备的分类方法比较多，可以按设备的功能特征分类、按设备的使用范围分类、按设备的重要程度分类等。饭店设备一般主要分为以下几类。

1. 建筑物

建筑物主要是饭店房屋建筑，包括饭店主楼及其他附属配房的设备。

2. 供应设备

供应设备包括为饭店各部门供应电、水、气的设备，如锅炉、冷冻机、通风设备、热交换器、冷热水箱、冷冻库及与之配套的管道系统。

3. 供电设备

供电设备主要是饭店的供电和用电设备，包括配电设备、供电系统及用电设备。

4. 通信设备

通信设备包括电话、传真、电传等通信设备。

5. 系统设备

系统设备包括各种管线或其他方式联系而成系统的各种使用设备，如上下水管道、排污管道、音响、闭路电视管线等。

6. 电梯设备

电梯设备包括电梯、自动扶梯等垂直交通运输设备。

7. 厨房设备

厨房设备包括饭店厨房用各种烹调、制作设备等。

8. 家具设备

家具设备是指饭店用于接待宾客、行政办公及其他用途的各类家具设备及家用电器。

9. 接待服务设备

接待服务设备是指饭店各前台服务部门用的服务设备，如行李车、服务车、餐厅餐具等。

10. 计算机设备

计算机设备包括饭店的计算机设备及其系统。

11. 清洁卫生设备

清洁卫生设备包括清洁和洗涤设备，如洗衣房全套设备、吸尘器、打蜡机、洗碗机等。

12. 健身娱乐设备

健身娱乐设备是指供宾客娱乐或健身的设备设施，如游泳池、健身房设备、台球房设备等。

13. 消防报警设备

消防报警设备包括报警系统和消防供水系统及各式消防器材。

饭店的设备分类既要包含饭店所有需要用的设备，又要便于科学管理，应根据饭店的档次和服务标准来确定。

6.1.2 饭店设备管理的重要性

饭店设备管理的好坏，与饭店业务经营关系甚为密切，其重要性主要表现在以下几个方面。

1. 加强设备管理是保证饭店正常运转的基本条件

饭店是以物资设备为依托向客人提供各种服务而取得收入的经济组织，如果离开了必要的设备，服务就成为无源之水、无本之木。不仅如此，设备还像人心脏一样，供给饭店各部门能源及其他各种条件，一旦饭店设备发生故障，整个饭店就有可能处于瘫痪状态。例如，工程部的锅炉因故障不能正常使用，那么整个饭店就会没有热水和蒸汽，饭店也就不可能正常营业。所以，饭店设备是否完善，运转是否正常，是饭店正常运转的基本条件。

2. 加强设备管理是提高饭店服务质量的基本保证

饭店服务质量由三部分组成，即设施质量、实物产品的质量和服务水平。设施质量必须通过设备选购、安装、维修保养等管理活动来加以保证。实物产品质量需要工程部提供蒸汽和必要的设备来达到。而服务水平的提高也离不开工程部提供水、电、气等条件，供应的设备稍有纰漏，就会影响饭店前台部门的服务水平。所以，要提高饭店的服务质量，就必须做好设备的管理。

3. 加强设备管理是提高饭店星级的基本前提

根据国际上的惯例，评定一家饭店星级的高低，主要取决于两个方面：一是软件质量，二是硬件水平。软件主要是管理和服务水平，而硬件则是设备的完善程度、等级档次和完好情况。可见，设备管理的好坏，将直接关系到饭店星级的高低。

4. 加强设备管理是提高饭店经济效益的重要途径

在现代条件下，饭店的设备往往占到整个饭店固定资产的三分之一以上，而且各种设备直接用于服务过程，其各项费用的支出很大程度上受设备状况的制约，而设备的状况与设备管理的科学与否直接有关。做好设备的选购、安装、维修和能源供应的控制工作，既可以充分发挥设备的效能，又可以节约大量的费用。反之，就有可能增大饭店的经营费用和成本。

6.1.3　饭店设备管理的特点

饭店的设备管理和工厂企业的设备管理有相同之处，即都以设备为对象，但又有其自身的特点。饭店设备管理主要有以下特点。

1. 商品性强，管理要求高

饭店的设备和工业企业不同，工业企业的设备是直接用来生产物质产品的，使用范围仅仅限于工业企业内部的员工，而且使用设备的人员相对固定。而饭店的有些设备本身就是商品，直接供客人消费，即使部分生产性设备，也是直接为客人服务的，任何一点不足都会影响服务质量。因此，饭店的设备，一是使用的人杂，破损率高；二是维修保养要求高。根据这一特点，加强饭店设备的检修、保养，使设备始终处于完好无损的技术状态，是饭店设备管理需要认真研究和解决的问题。

2. 精神损耗大，更新周期短

饭店的设备在服务过程中有两种磨损：一是有形磨损，即设备在外力作用下造成的实体磨损，如电梯设备的机械磨损等；二是无形磨损，或称精神磨损，它是由饭店服务商品享受因素大的特点所决定的。例如，餐厅、客房的某些设备经过一段时间的使用，其外形虽未破损，但已陈旧过时，造成客人精神上的不愉快，影响饭店的等级及声誉，必须给予更新。这个特点决定了饭店设备的使用“寿命”较短，要求饭店在设备选择的时候，必须注意设备价值工程的研究，合理确定设备的寿命周期。

3. 构成复杂，管理难度大

饭店设备的种类和数量繁多，规格、型号各异，价值构成区别大，技术性强，使用方法和维修保养要求各不相同，而且很多是隐蔽安装设备，即表面难以发现。饭店设备的这一特点，决定了饭店工程部的工种繁多，技术门类齐全，且专业性较强，这就给饭店的设备管理增加了一定的难度。

6.1.4 饭店设备管理的基本要求

根据饭店设备管理的内容及特点，饭店设备管理的基本要求是设备配套效益高，保证供应低消耗，及时维修质量高，安全生产事故少。

1. 设备配套效益高

选购设备是饭店设备管理的首要环节。设备管理的要求：既要保证设备完善配套，充分发挥设备的效能，又要经济合理，使设备的数量、质量、等级规格、技术水平与饭店的等级、接待对象相适应。

2. 保证供应低消耗

饭店工程部是负责饭店设备管理的专业部门，担负着全饭店的水、电、气等供应任务，供应的数量是否充足，质量是否符合要求，直接关系到饭店的业务开展和服务质量的高低。所以，工程部必须根据前台部门的工作需要，保质保量地供应水、电、气，并在此基础上力求降低各种能源消耗。

3. 及时维修质量高

饭店的设备很大部分是以商品形式提供给客人使用的，作为商品，就必须有一定的质量标准，而完好无损是质量的起码要求。所以，要求饭店的设备管理必须重视设备的维修保养，做到设备维修保养迅速、优质。主要应注意四个问题：一是维修速度，即设备从报修到修复的时间要迅速及时；二是维修的作风，主要表现为维修人员在现场维修过程中所表现出来的态度和作为，要求做到礼貌、协作；三是维修效果，即维修后设备的使用效果，要做到正常运转，返修率低；四是维修费用，即维修设备时的物耗和工耗，要求勤俭节约，修旧利废，提高效率。

4. 安全生产事故少

安全生产事故少就是要求严格按操作规程办事，保证各种设施、设备的正常运转，避免各种故障和人身伤亡事故。同时，要做到各种制度完善，技术档案健全。

6.2 饭店设备管理的内容与方法

饭店的设备管理，就是指围绕设备物质运动形态和效用发挥而进行选择、购置安装、维修保养和更新改造等管理工作。其日常管理工作的内容：设备的申请购置；设备的选择和订货；设备的到货验收；设备技术资料的收集和翻译；设备的安装、调试和移交投产；设备的登记、编号，制作台账、台卡，钉上铭牌；设备的合理使用和检查、维修保养；设备的封存与启封；设备的调拨与租赁；设备的更新和改造；设备的安全管理与事故处理；设备的报废处理；备品备件的管理；设备的技术档案管理；设备的经济管理；设备的能耗统计和节能管理；设备管理情况的检查、评比和考核等。本节着重强调饭店设备的购置、设备的使用与维修管理、设备更新与改造管理等内容。

6.2.1 设备的购置

设备的购置，从物质形态上考察，就是使新设备从饭店外部，经过选购运输、安装调试进入饭店企业的生产过程。设备购置也是进行设备投资的经济活动。在设备购置过程中，既要对设备进行经济论证，又要对设备进行选择和评价。

1. 设备的选择

设备的选择是设备购置的重要环节。选择设备的目标是，选择技术上先进、经济上合理、经营生产上可行的设备以保证饭店服务的顺利开展和饭店企业的未来发展。在选择设备时应综合考虑以下因素。

（1）设备的实际需要

饭店的设备要根据饭店档次要求和经营的实际需要来决定，既要考虑设备的质与量，从技术上予以考虑，又要从饭店经营要求出发来确定设备的性能和技术指标，还要考虑其价格与实用性。从实际需要出发购置设备，可以避免造成设备的闲置。

（2）设备的可靠性

设备的可靠性是指设备精度及准确度的保持性、零件耐用性、设备有效性等。机器设备的可靠性是指在规定的时间内，在规定的使用条件下，无故障地发挥规定功能的概率。一台设备如果在性能上很先进，但可靠性差，使用时老出故障，则其先进性能就不能正常持续发挥，因此，也就影响了它的使用价值。

（3）设备的安全性

设备的安全性是指设备在使用过程中，对操作者和使用者人身安全及设备本身安全的保证程度。由于饭店劳动是密集型的，服务对象又是面对面的服务，一旦设备发生事故，必将危及人身及财产安全。因此，选择设备时，要注意设备的材质是否良好，结构是否先进，组装是否合理、牢固，是否安装有预防和控制事故的安全装置，以保证使用中的人身安全。

（4）设备的节能性和环保

设备的节能性是指设备节约能源的性能。在选择设备时，应选用能源消耗低、原材料加工利用程度高的设备。设备选择还要注意环保，环保要求减少噪声、废气、污水、烟尘等的排放。对有污染的设备，要选择污染程度越小越好的设备，绝对不能超过环保部门规定的各项控制指标，同时要尽可能选择有污染处理配套设施的设备。

（5）设备的成套性

饭店设备种类繁多，必须注意设备的互相配套。设备的成套性是指设备本身及各种设备之间的成龙配套水平，它是形成设备生产能力的重要标志，它分为单机配套、机组配套、项目配套和外观配套。单机配套是指一台机器中各种随机工具、附件、部件要完整配齐成套；机组配套是指一套机器中的主机与各种控制装置的配套；项目配套是指一项目所需各种设备的成龙配套，如酒吧吧台与酒吧设施配套、家具配套、卫生洁具配套、舞厅灯光音响配套、洗衣房设备配套等；外观配套强调饭店的设备在外观、风格、色彩、体积、造型上都要和饭店的基本风格保持一致，互相协调。

（6）设备的维修性

饭店设备要求选择维修性好的设备，应尽量避免修理或选择修理间隔期长的设备。修理时间短、能够长期安全运转、易于维修、修理的劳动量小、修理费用支出少的设备要优先考虑。

（7）设备的实用性

饭店设备的选择要注意实用。设备实用性的内容：设备设计先进、使用方便、便于清洁保养，设备的外观和使用能给人以舒适感，设备安全可靠、经久耐用，与饭店整体水平相协调。

（8）设备的经济性

设备的经济性是指不仅要考虑设备最初投资费用的多少，而且要考虑设备投资的回收期限和由于采用该设备所带来的节约额，特别要考虑设备投入使用后的使用维护费用。

2. 设备的评价

设备的评价是在对设备进行初步选择的基础上进行的技术经济评价。评价设备通常有下列几种主要方法。

（1）设备投资回收期法

设备投资回收期法是以设备投资额回收期作为对购买设备的评价标准。在其他条件类似的情况下，回收期较短的设备是比较好的。其计算公式如下：

$$设备投资回收期=\frac{设备投资额}{年利润+年折旧额}$$

例：某饭店洗衣房准备购买烘干机，可供选择的型号有三种，这三种型号烘干机的技术指标基本相同。烘干机购买价格、残值等如表 6-1 所示。请问饭店应该购买何种型号的烘干机？为什么？

表 6-1　三种烘干机价格及残值　　单位：元

设备型号	购买价格	残　值	年 折 旧	年 利 润
甲	15 000	0	3 000	2 500
乙	16 000	1 000	3 500	3 000
丙	16 800	1 000	4 000	3 400

解：设备投资额＝购买价格－残值

则甲设备投资额为 15 000 元，乙设备投资额为 15 000 元，丙设备投资额为 15 800 元。

$$甲设备投资回收期=\frac{15\,000}{2\,500+3\,000}\approx 2.73（年）$$

$$乙设备投资回收期=\frac{15\,000}{3\,000+3\,500}\approx 2.31（年）$$

$$丙设备投资回收期=\frac{15\,800}{3\,400+4\,000}\approx 2.14（年）$$

应该购买丙型号的烘干机，因为该设备投资回收期较短。

（2）设备综合效率分析法

设备综合效率分析法就是全面地考虑设备一生中的经济效果，选择设备综合效率高的设备。其计算公式如下：

$$设备综合效率=\frac{设备一生的输出}{设备输入}$$

式中：设备一生的输出即设备寿命周期收入，是指保证产量、质量、价格、安全、环保等条件下所创造的总收益；设备输入是指设备的寿命周期费用，即设备一生的总费用，由设备的购置费（原始费用）和维持费（使用费用）两项组成。综合效率高的设备为优选设备。

（3）费用效率分析法

费用效率分析法即首先计算各设备的单位费用所取得的有效成果，然后根据费用效率最大的原则选择设备。其计算公式如下：

$$费用效率=\frac{生产效率}{寿命周期费用}$$

（4）系统效率分析法

设备的系统效率分析是在综合考虑设备购置所应考虑的一系列因素的分值累计基础上进行的。在如前所述的设备选择所应考虑的因素中，凡是能定量计算的以量表示，不能定量的以定性分析，然后按每一因素的具体情况，给不同的设备评分，最后以得分最多的设备作为最优设备。

设备购置是饭店的固定资产投资，应综合考虑。同时，也只有在充分考虑设备的各种因素后，才能对设备购置选择做出最佳的决策。

6.2.2　饭店设备的使用、保养与维修管理

1. 饭店设备使用管理

正确使用设备是保证饭店设备正常运行并发挥其规定功能的基础，是保证饭店生产经营活动正常开展的需要，也是延长饭店设备生命周期的需要。保证设备正确使用的主要措施是，明确使用部门和使用人员的职责，并严格规范操作过程。

（1）饭店设备使用管理的要求

1）部门做到“三好”。饭店各个设备使用部门都要对设备做到“三好”，即管好设备、用好设备、保养好设备。

① 管好设备。管理设备的原则是谁使用、谁负责。每个部门都有责任管理好本部门所使用的设备，做到设备台账齐全，设备账卡清楚，设备使用规程和维护规程完善，不能随意使用设备并且违反规定，每一台设备都有专人负责。

② 用好设备。所有使用设备的员工都必须严格按照操作、维护规程进行操作和维护，使用设备不能超负荷，禁止不文明操作。未经培训的员工不得单独操作设备。

③ 保养好设备。设备使用完毕，必须对设备进行保养。对于一般设备，日常保养就是清洁、除灰、去污。设备保养还包括由工程部专业人员进行的定期保养，各部门要配合工程部实施定期保养计划。

2）员工做到“四会”。对具体的设备操作人员来讲，都应达到以下“四会”的要求。

① 会使用。操作人员必须熟悉设备的用途和基本原理，熟悉设备的性能要求，熟练掌握设备的操作规程，使用设备要正确。

② 会维护。要求操作人员掌握正确的对设备实施维护的方法，做到整齐、清洁、润滑、安全、完好五项要求。

③ 会检查。设备管理责任人应了解所负责管理的设备的结构、性能和特点，能检查设备的完好情况。饭店各机房运行值班员要掌握设备易损件的部位，熟悉日常检验项目、标准和方法。

④ 会排除一般故障。工程部员工及其他部门的重要设备的管理责任人要掌握所用设备的特性，能鉴别设备的正常与异常，了解拆装的方法，会做一般的调整和简单的故障排除，不能解决的问题及时报告，并协同维修人员进行检修。

3）五项纪律。五项纪律的内容是：

① 实行定人定机、凭证操作制度，严格遵守安全技术操作规程。

② 经常保持设备的清洁，按规定加油润滑，做到没完成润滑工作不开机，下班前一定要完成清洁工作。

③ 认真执行交接班制度，做好交接班记录。

④ 管理好工具、附件，不能遗失及损坏。

⑤ 不准在设备运行时离开岗位。发现异常和故障应及时停机检查，不能处理的，要及时通知维修人员进行检修。

（2）饭店设备使用管理的内容

饭店设备使用管理涉及方方面面，是一个系统性的工作，其内容涵盖面广泛，包括培训设备操作人员、合理使用设备、制定设备保养制度及监督检查等。

1）培训设备操作人员。高素质的设备操作人员是保障设备正常运行的基本条件。饭店应组织员工进行相关专业知识和专业技能的培训，使员工懂得所操作设备的性能、特点、结构和使用方法，懂得操作规程和保养规程，掌握正确操作设备必需的技能。

2）合理使用设备。合理使用设备包括两个方面的要求：一方面指设备的充分利用，设备购买回来后应尽快安装、调试并投入使用，保持设备的高利用率，避免设备长期闲置所带来的损失；另一方面，设备不能超负荷、超工时、超维修保养期使用，以防止对设备造成很大的损害。

3）制定设备保养制度。饭店工程部门应根据不同设备的用途、性能、操作要求、保养要求制定各种设备使用操作规程和保养规程，建立设备使用岗位责任制，以促使设备使用人员按规程操作设备。

4）监督检查。饭店设备的监督检查包括两个方面，即对设备使用状况进行考核检查和对设备保养情况进行考核检查。检查主要由各级管理人员定期进行，检查结果要认真详细做好记录，并作为相关奖惩措施的依据。

（3）饭店设备运行的控制

对饭店设备运行的控制，必须抓好以下三个基本环节。

1）制定供应和消耗标准。保证供应、降低消耗，这是设备运行管理的基本要求。要达到此目的，首先必须确定能源供应和消耗的标准，以便控制有明确的依据。

能源供应的标准一般包括三个方面：一是供应的时间标准，即何时供应、供应多长时间，如什么时候供应冷暖气，是 24 小时还是 16 小时等；二是供应量的标准，即供应多少，如送水量、供气量等；三是供应的质量标准，即供应的能源应达到怎样的要求，如水温、气温、蒸汽压力等。能源供应标准一般根据饭店的等级、前台部门及客人的需要和要求加以制定。

消耗标准则是指为了达到一定的供应标准而必须消耗的燃料、动力定额，它一般根据国家有关部门的规定和饭店实际情况加以确定。

2）完善各种制度。为了保证饭店设备的正常运转，饭店还必须完善各项制度。例如，为了准确掌握设备的运行情况，发现和解决问题，并使饭店设备的检修工作达到程序化、标准化，必须对设备的运行状况、磨损程度、使用效能等情况做出具体的规定，既要责任到人，又要定时、定目标。以空调水泵为例，运行检查制度就应规定，值班人员必须每两小时进行如下检查，并按运行记录表做好记录：①水泵、电机轴承温度、运转是否有异常，机组运转是否有异常响动和振动；②压力表读数是否正常；③联轴器是否有异响、跳动及漏油；④阀门开关位置是否正常；⑤排除不正常漏水现象。

3）加强考核。饭店对设备运行情况的考核，主要有以下四个方面。

① 安全生产情况。主要反映在工伤事故和违章操作所引起的设备事故上，这可以通过原始记录来加以考核。

② 维修情况。主要通过设备完好率、设备故障频率进行考核，其计算公式如下：

$$\text{设备完好率}=\frac{\text{完好设备数}}{\text{设备总数}}\times 100\%$$

$$\text{设备故障频率}=\frac{\text{故障发生次数}}{\text{设备运行时间}}$$

③ 消耗情况。主要表现为能源消耗和维修费用两大项，其计算公式如下：

$$\text{能源消耗率}=\frac{\text{能源消耗总耗}}{\text{营业总额}}\times 100\%$$

$$\text{维修费用率}=\frac{\text{维修费用总额}}{\text{营业总额}}\times 100\%$$

④ 工作质量。主要表现为能源供应量、承担饭店义务、履行工程部的职责等方面，可通过各部门的反映和各项检查评议进行考核。

2. 饭店设备保养管理

设备的维护是为了保护设备正常技术状态，延长设备使用寿命所必须进行的日常工作。设备管理的重要内容就是设备的维护保养。设备保养做好了，可以减少设备故障，从而节约维修费用，降低成本，保证服务质量，提高饭店声誉，给饭店和员工带来较好的经济效益。

为了保证设备的正常运转，饭店必须针对不同设备的结构、性能和技术要求，建立保养制度。根据饭店设备管理的具体情况，一般可建立三级保养制度。

（1）日常保养

日常保养又称例行保养，以使用设备的操作人员为主进行，即饭店各部门、各班组使用设备的工作人员每天在班前、班后进行日常保养，如每天的清扫、抹尘、擦洗、上油、调试等。日常保养应达到以下五项基本要求。

1）整齐。整齐体现了饭店的管理水平和工作效率。饭店内所有非固定安装的设备和机房里的物品都必须摆放整齐；设备的工具、工件、附件也要放置整齐；设备的零部件及安全防护装置齐全；设备的各种标牌完善、干净；各种线路管理完好无损。

2）清洁。设备的清洁是为设备的正常运行创造一个良好的环境，以减少设备的磨损。因此，必须保持机房内设备周围的场地清洁：不起灰、无积油、无积水、无杂物。设备外表清洁，铁无锈斑，漆显光泽，各滑动面无油污，各部位无“跑、冒、滴、漏”现象。

3）润滑。润滑是确保设备摩擦部位正常运行，防止磨损的重要措施。设备维护的最重要的内容之一就是润滑工作。在对设备进行维护时，要保持油标醒目，保持油箱、油池和冷却箱的清洁、无杂质，油壶、油孔、油嘴齐全，油路畅通。每台需要润滑的设备都应制定润滑的“五定”制度，即设备的润滑要做到定点、定质、定量、定期、定人，按质、按量、按时加油或换油。

4）安全。遵守设备的操作规程和安全技术规程，防止人身和设备事故。电气线路接地要可靠，绝缘性能良好。限位开关、挡块均应灵敏可靠。信号仪表要指示正确，要保持干净、清晰的表面。

5）完好。设备完好能正常发挥功能，是设备正确使用、精心维护的结果，也是设备管理的目标之一。

（2）一级保养

一级保养是以操作人员为主、维修人员为辅的对设备进行局部的检查、维护、清洁的工作，如客房的卫生设备、厨房炉灶设备、空调风机等定期检查清洗。一级保养根据设备的性能、结构和安全系数不同，有一定的时间要求。机器设备一般运行 500～700 小时需进行一次一级保养。电梯、安全报警系统等需要绝对保证安全的设备，一级保养的时间还可缩短。

（3）二级保养

二级保养是以维修人员为主、操作人员参加的对设备进行局部解体检查、更换或修复磨损件、局部恢复精度和技术性能的一种保养制度，一般适用于饭店的车辆、电梯、各种机器设备等。例如，机器设备一般运行到 2400 小时要进行一次二级保养。

3. 饭店设备维修管理

饭店设备维修是以追加劳动的形式来保持设备完好、提高设备效能的一种重要途径。设备的维修和保养是相辅相成的，维修是在保养的基础上进行的。饭店设备维修控制，关键是必须抓好维修计划的制订和维修制度的完善。

（1）饭店设备维修计划

饭店的设备大多是直接为客人提供使用价值的，必须及时做好维修工作，绝对保证设备完好。从设备维修的程度上看，可分为大修、中修和小修三种。根据“预防为主、计划检修”的方针，无论何种维修，均应列入计划，以便有人、财、物的保证，以保证饭店业务经营活动的正常进行。饭店的设备维修计划一般由工程部编制，在编制维修计划时，主要应注意以下几点。

1）维修是否按设备分类编制维修计划。因为不同的设备具有不同的用途、技术性能、安全系数，其大修、中修、小修和日常保养的间隔时间及维修方法、要求也不同。因此，只有分类编制维修计划，才能有针对性地做好各种设备的维修工作。

2）修理周期是否科学。修理周期是指相邻两次大修之间的设备工作时间。修理周期的确定，既要根据国家的有关规定，又要结合饭店行业的特点和本饭店的实际。

3）维修方法是否恰当。一般来说，设备维修的方法主要有强制维修法、定期检修法、诊断维修法、全面修理法四种。强制维修法是指不管设备的技术状况如何，根据设备的技术性能和要求，由工程技术人员按计划定期进行强制维修。定期检修法是指根据设备的技术性能和使用情况，确定设备修理周期，并据此进行定期检修。诊断维修法是指根据使用部门报告或技术资料，在检查诊断过程中，确定主要维修项目或部件。全面修理法是指在设备出了严重故障、损坏或部件磨损严重时，需要对主体和部件进行全面检修（大多与大修理相结合）。

工程部应根据不同的设备状况和要求，合理选择维修方法。

4）维修费用的预算是否合理，是否符合饭店的经济状况。

（2）饭店设备维修制度

维修制度是保证维修工作质量的基础，主要包括设备的检查、报修、维修速度和质量的规定、维修情况报告等制度。

1）设备检查制度。检查是发现问题的基本途径，是做好维修工作的前提。设备的检查分为日常检查和定期检查，日常检查应由全体员工来承担，而定期检查则一般由专业技术人员来承担。为了使检查工作处于正常化，饭店必须明确各类人员的检查责任，并对检查的时间、内容、要求和方法等做出具体规定，使每个人的工作都有章可循。

2）设备报修制度。由于饭店除了工程部掌握使用的设备外，还有许多设备处于服务现场，属客用设备，所以很难及时检查设备的运行情况。为此，饭店还必须建立切实可行的报修制度，即由使用部门加强日常检查，发现异常情况，及时报工程部修理。目前，有些饭店对客房的维修采用了“万能工”的形式，即由“万能工”负责客房设备的日常检查与维修，以保证客房设备的及时维修和完好，这应该说是比较可行的办法。

一般来说，饭店的报修制度主要应规定报修的形式和程序，如有些饭店的报修程序大致如图 6-1 所示，报修单形式如表 6-2 所示。

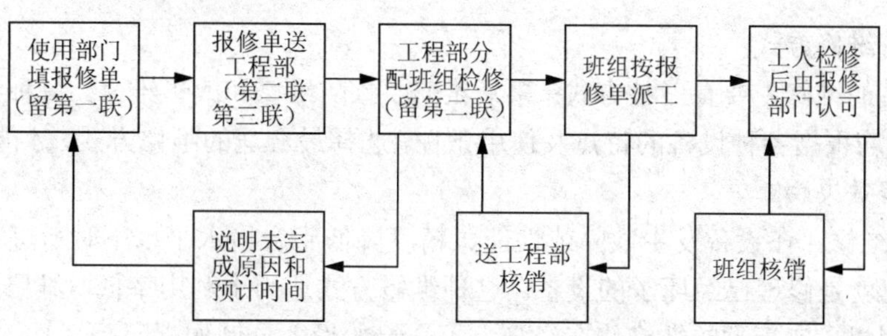

图 6-1　设备日常报修运行程序

表 6-2　××饭店报修单　　No. 000000

报修部门		报修人		日期	
维修地点					
报修内容					
部门经理签字					
工作重要性 （由当班工程师标示）				甲　乙　丙　丁	
承接班组		工作人数			
开始工作日期		估计工时			
完成日期		实用工时			
维修人签字		维修人职务			
使用部门签字		维修意见	满意（　）	不满意（　）	
备注					

报修单由使用部门负责填写。报修单一式三联，第一联由报修部门留存备查。工程部总

调度（值班工程师）在接到各部门的报修单后，将第二联留存备查，将第三联分配给维修班组。各维修班组在接到报修单后，应根据报修内容和重要程度，填写开工日期和估计工时，分派工人检修。检修工人在检修完工后，需经报修部门签字认可。班组在收到检修工人送回的报修单后，核实耗用材料和实用工时，并将报修单汇总后交工程部。工程部在接到各班组交回的第三联报修单后，应和第二联核销，存入员工完工档案，作为每月评奖的依据。在核销报修单时，如发现缺漏，应追查原因。凡由于各种原因一时不能完成的项目，应通知使用部门预计完工时间。若情况复杂，则报请总经理协调解决。在发生使用部门对工程维修的投诉时，可以报修单为依据。

3）维修速度和质量的规定。维修速度主要表现为两个方面：一是指从报修到维修人员到达现场的时间；二是指维修人员抵达现场到排除故障、修复设备的时间。维修制度规定的维修速度主要指前者。维修质量主要指维修人员的维修作风和维修效果。

4）维修情况报告的制度。维修情况报告要视维修的程度不同而制定程序。日常维修的报告程序：维修人员向使用部门报告（通过由使用部门签署维修单的形式完成）；向部门报告（上交维修单）；工程部向总经理报告（设备维修情况日报）。至于影响正常营业的维修，工程部接到报修则应报总经理，经批准后实施，并通报有关部门，修复后同样要报告总经理和有关部门。

（3）设备维修方式

饭店设备的维修主要有三种方式：事后维修、预防维修和改善维修。每种维修方式都有其适用范围，应根据各种设备的特点及使用条件，选择最合适的维修方式，才能达到效率高、费用少的维修效果。

1）事后维修。在设备发生故障或性能、精度降低到合格水平以下时所进行的修理称为事后维修，也就是修理已经坏了的设备。这种维修方式适用于利用率低、维修技术简单、能及时提供备用机、实行预防性维修在经济上不合算的设备。例如，照明灯具、控制开关等，都可以采用事后维修的方式。对设备的事后维修一定要及时进行，以排除故障，解决问题。

2）预防维修。“预防为主、计划检修”是饭店设备维修的方针，对饭店设备进行预防维修是贯彻这一方针的重要工作。预防维修可分为两种方式，即计划维修和预知性维修。

① 计划维修。饭店的计划维修主要包括一级保养、二级保养、中修和大修。如前所述，要做好计划维修，首先要编制维修计划，设备维修计划是设备维修管理的指导性文件。

② 预知性维修。预知性维修是以设备的技术状态为依据的维修方式，采用这种维修方式的前提是掌握设备当前的技术状态。因此，操作人员要认真进行日常点检和定期点检。在检查中，发现有异常现象和不正常的技术状态要及时记录下来，并采取相应措施予以排除。对于一时无法排除的异常情况，必须通知专业维修人员进行重点测试并做出诊断，对设备存在的问题进行预测，并提出解决问题的具体方法即维修方案，然后实施维修。

饭店的重要设备必须推行预知性维修方式，要建立健全点检、检查制度，配备和安装先进的检测仪器，努力提高维修人员的诊断技术水平，促进饭店维修管理的现代化。

3）改善维修。在条件许可的情况下，可以对饭店设备进行改善维修，即为了消除设备的先天性缺陷或频发故障，对设备的局部结构或零件的设计通过修理加以改进，增强设备使用的可靠性。这也是预防维修的一项重要内容。

6.2.3　饭店设备的更新改造管理

饭店的设备经过一定时期的使用，必然产生物质损耗，使设备的性能、结构、外形等发生变化或使用价值不能适应客人的享受需要。为了维护饭店的等级，提高饭店的服务水平，满足客人不断发展的消费需要，必须对饭店设备进行必要的更新和改造。

饭店设备的更新是指用新的、效率更高、技术更先进的设备代替已经陈旧、不能继续使用的设备，或者虽可继续使用但在技术上不能保证产品质量的设备。

设备的改造是指对原有设备进行技术加工，以追加劳动的形式改变和提高原有设备的使用价值，以改善和提高设备的性能、精度和效率。

1. 饭店设备更新改造规模的种类

饭店设备更新改造的规模大致有以下几种。

（1）全面更新和改造

饭店设备的全面更新和改造一般是在基本保留原有建筑结构的基础上对饭店的设备系统，特别是主要大型设备进行改造或更新（一般情况下以更新为主），以提高饭店设备的现代化水平，达到饭店服务标准的要求。这类项目常常需要有土建、环保等工程项目配合进行。

（2）系统设备更新改造

系统设备更新改造是针对饭店某一具有特定功能的系统设备性能下降、效率低下或者能耗太高、环保特性差等具体问题所采取的改造和更新的技术措施。所谓系统设备是指由一台或数台主机为龙头的、具有特定功能的配套设备系统，如饭店的空调系统设备、发电系统设备等。

（3）单机设备更新改造

单机设备更新改造是对单机设备所采取的技术措施，如对洗衣房烫平机改造。这种改造或更新在工程上是相对独立的。

2. 饭店设备更新改造时机的决策

要做好饭店设备的更新改造工作，关键是要选择好更新改造时机。

更新设备时机的决策就是决定何时进行更新改造。一般来说，设备更新改造的客观依据是设备的寿命周期，即设备的自然寿命、技术寿命和经济寿命。

（1）设备的自然寿命

设备的自然寿命是指设备从投入使用到自然报废所经历的整个时期，它是由设备在使用过程中的物质磨损而造成的。其更新的长短往往依设备的性能、结构、使用的频繁程度而变化，一般用于生产性设备的更新往往以此为主要依据。

（2）设备的技术寿命

设备的技术寿命是指设备投入使用到因无形磨损而被淘汰所经历的时间，它是由科学技术和客人的需要两个方面的原因造成的。从前者看，由于科学技术的进步，饭店行业出现了技术上更先进、经济上更合理、外观上更好看的设备，从而造成原有设备的贬值。从后者看，部分设备虽然性能没有多大改变，使用价值仍然存在，但客人已感到陈旧落后或使用不便，从而影响了对客人服务需要的满足。在饭店设备的更新改造项目中，由于技术寿命引起的更新改造占较大比例，如客房、大堂、餐厅等设施的改造，电话交换机、电梯的更新等。技术寿命的长短往往是客用设备更新改造的重要依据。

（3）设备的经济寿命

设备的经济寿命是指设备投入使用后，由于设备老化、维修费用增加、继续使用经济上不合算而需要更新改造所经历的时间。它是根据设备使用过程中维持费用（维修费用和人员工资）的多少来决定的。

设备更新改造的时机主要应考虑上述三种因素，同时，要注意饭店业务经营情况，尽量选择在淡季进行。

3. 饭店设备更新改造方案的决策

确定设备更新改造的时机后，如何进行改造，这就是更新改造方案的决策。

（1）设备的更新方案

设备的更新方案实际上就是设备购置的决策。设备购置的决策一般要考虑两个问题：一是购置何类设备，即型号、规格、技术要求等；二是从何地采购，进口还是国产，本地还是外地等。总的来说，饭店购置设备的标准和要求：技术上先进，经济上合理，切合饭店实际，适应客人的需要，有利于提高工作效率和服务质量。其具体要求有以下几个方面。

1）适应性。即选购的设备必须适应饭店业务运转的需要，并同饭店的等级、客源对象相适应。同时，还要注意适应客人的消费倾向，能给客人一种舒适和美的享受。

2）配套性。即要注意设备之间的互相配套。主要有：

① 单项配套。它是指某一用途的设备要自身配套，如酒吧台与酒吧设施的配套、客房家具的配套、舞厅音响灯光的配套、洗衣房设备的配套等。

② 设备设施间的相互配套。它是指能源动力、供应设备、使用设备的互相配套，如锅炉、冷冻机的功率与输送空调用量的一致等。

③ 外观配套。它是指设备在外观、风格、造型、色彩、质地等方面的统一配套，给人一种和谐统一的美感。

3）经济性。即尽可能用少的资金去购置效用高的设备，主要应考虑如下因素：一是价廉物美；二是能耗低；三是污染少、噪声低，符合环保要求；四是体积小，占用空间面积少；五是便于服务人员清洁、工程人员维修；六是便于提高服务质量和工作效率。

4）安全性。即购置的设备必须安全可靠，有些机械和电器设备要看其是否具有自动报警、自动切断电源的保护装置等。

（2）饭店设备的改造方案

饭店设备的改造，除了一些工程设备的技术改造外，主要集中在大堂、客房、餐厅等客用设施，一般以内装修为主，同时伴有大量设备更新。因此，改造方案的决策主要应考虑以下几点。

1）准备改造哪些项目？时间如何安排？是否突击改造？

2）设备改造后必须达到何种等级规格？是否和饭店的目标市场相适应？是否有利于提高设备利用率，增加经济收入？

3）设备改造需要多少投资？资金如何筹措？投资回收期、投资利润率的要求如何？

4）改造过程中内装修的质量要求如何？需要配备哪些新设备？质量要求如何？

5）如何公开招标？中标单位的基本要求如何？怎样验收？

4. 饭店设备更新与改造的程序

饭店设备更新与改造的程序一般包括申请、调研与审查、计划与筹备、现场管理、竣工验收和总结六个步骤。

（1）申请

对饭店的某一系统设备或单机设备进行技术改造必须首先由设备管理部门或使用部门提出更新改造项目的理由，这时可以使用饭店设备更新改造申请表（表6-3）。申请表可由使用部门或技术部门所属区域技术班组填写，交工程部牵头组织项目审查。

表6-3 饭店设备更新改造申请表

编号： 年 月 日

<table>
<tr><td colspan="2">设备名称</td><td></td><td>改造或更新项目全称</td><td></td></tr>
<tr><td colspan="2">编号</td><td></td><td>要求完成日期</td><td></td></tr>
<tr><td rowspan="3">申请</td><td>部门</td><td></td><td>设计单位</td><td></td></tr>
<tr><td>负责人</td><td></td><td>施工或制造单位</td><td></td></tr>
<tr><td>会签</td><td colspan="3"></td></tr>
<tr><td colspan="2">要求更新或改造的原因</td><td colspan="3"></td></tr>
<tr><td colspan="2">费用预算</td><td colspan="3"></td></tr>
<tr><td colspan="2">效益分析</td><td colspan="3"></td></tr>
<tr><td colspan="3">设备管理部门意见</td><td colspan="2">饭店领导意见</td></tr>
</table>

附件要求：新设备主要技术参数、图纸。

（2）调研与审查

饭店要组成由工程师、技师、部门主管和营业部门主管人员参加的更新改造项目小组进行调查研究，充分讨论，提出审查意见。如属于通过大修可以更好解决问题的就列归大修计划项目。否则，再进一步确定是改造还是更新。设备管理部门提出意见交由饭店总经理或由总经理委托的工程总监召集饭店各有关部门人士参加会议研讨，对项目的人力、物力、财力、动能供应等进行综合平衡，做出最后决策。这一环节是更新改造管理的重要环节。饭店的改造工作是资金投入较大、与营业接待有直接联系的重大技术活动，未经饭店一级审批的改造项目不能允许上马，否则可能对饭店经营带来全局性影响。

（3）计划与筹备

由项目负责人主持更新改造筹备工作，组织制订该项目的实施进度计划，详细安排项目准备、开工、施工和竣工投产的阶段进度，特别要注意各阶段的工作衔接、各施工工种之间的进度协调、资金和物资供应、设计和施工等方面的工作穿插配合等问题。

如果设备改造是结合机房土建工程进行的，那么筹备工作应特别注意把材料供应组织好，尤其是紧缺材料和物资要优先安排落实计划指标。要在落实项目和资金后，通过招标确定施工单位，尽早与施工单位订立施工合同，明确开工和竣工日期及其他双方责任，以便列入计划。

对于改造所需的附属配套设备，一般分为外购或按饭店特殊要求订制，可通过合同形式确定交货日期，经常了解情况，催办到货，以保证设备安装和土建工程同步进行。

（4）现场管理

改造工程要有专职机构和专职人员负责日常管理。专职机构和专职人员的工作职能职责：落实改造的计划；处理现场日常问题；根据实际情况适当调度分项工程进度；保证整体工程的进度；监督工程的质量；协调现场施工单位之间的关系；及时向有关领导和部门反映情况并解决有关问题。

施工现场管理要抓好协调和效率。协调是指对施工中不同工种、不同施工队伍之间的配合方面的协调。协调可以通过不定期的工程协调会议或现场碰头会协商解决问题，对各工种、各施工队伍提出要求，并督促执行会议决议。效率是指解决现场施工中所出现问题的及时性和有效性。凡是在现场能解决的问题，都应及时解决，处理妥当。对于施工现场难以解决的复杂问题，应及时弄清原因，掌握情况，提出处理意见和建议，由有关领导召集有关部门共同研究解决。

（5）竣工验收

更新改造工程接近竣工时，就应着手做验收准备工作。设备管理部门要会同有关使用部门组织设备单机、系统联机和负载试运行，测定设备的技术和经济指标及其他检验工作，为正式的验收提供完整的材料。竣工验收时要编制饭店设备更新改造项目竣工财产明细表（表 6-4）。

表 6-4　饭店设备更新改造项目竣工财产明细表

项目名称：　　　　　　　　　　　　　　　　　　　　　　　　　　项目编号____________

设备、附件、工具、仪表等					相关土建工程			
名称	型号规格	数量	价值	安装费	分项名称	结构	面积	造价

施工安装部门或班组：

接管部门或班组：

施工负责人：

接管负责人：

年　　月　　日

竣工验收的手续：由饭店分管设备的经理或工程总监主持竣工验收，验收小组要有设备管理、财务、设计人员和有关部门人员参加。各方人员共同进行逐项检测，根据改造项目的质量要求，做好详细记录。对需要进一步解决的问题可提出意见，并加以记录。施工单位或部门班组、接管部门或班组及验收小组三方面签字、验收和交接，手续即告结束。

（6）总结

更新改造项目完工验收后，必须做好技术方面和管理方面的总结，这是为饭店积累软件资源的重要措施。一些饭店在设备管理工作中未能充分重视总结工作，是一种对软件资源的看不见的浪费。总结工作主要从以下两个方面入手。

1）从技术上总结。首先要整理设备更新改造的全部技术资料，包括设计调研资料、技术图纸、试验记录资料等。然后以所有资料为依据，总结该项目在技术上的成功和不足之处，并从理论和实践上进行详细分析。这种技术上的总结是提高饭店技术人员技术水平的重要途径。

2）从管理上总结。首先从经济管理方面进行总结，内容包括：设备更新改造后由于提高设备性能所产生的经济效益、节能效果和环保效果；项目前期决策的主要经验；工程的组织措施；工程部门与营业部门之间的协调措施；工程实施中节能和节约施工材料的措施；施工安全措施等，有哪些是今后可以借鉴的，哪些是可以作为充实施工管理有关制度的内容的。

知识链接

饭店木质家具的使用与保养

饭店木质家具，如写字台、壁柜、床头柜、电视机柜、行李架等，用银杏木、楠木、水曲柳等制作，具有质轻、强度高、物理性能好、手感适中、纹理美观、构件制作简单等优点，有的木质家具还可以避虫害。但木质家具具有容易变形、易被腐蚀、易霉变、易燃、质地结构不均匀、各方面强度不一致等缺点。因此，在使用过程中，应根据其特点，注意保养。

1）防水、防潮。木质家具的大敌是潮气。木质家具受潮后容易霉变、开胶、脱漆。如果室内长期紧闭不通风，特别是潮气较重，更要注意木质家具的保养。要注意室内的通风换气，平时要注意不要把受潮的物品如毛巾、衣服等搭放在木质家具上。擦拭木质家具不能用沾水的抹布。整理卫生时，见到木质家具有水迹要及时擦干，若粘上难以擦拭的污垢，可用抹布蘸少许中性清洁剂或少许牙膏擦拭，然后用湿润的抹布去除。家具的放置一般要距墙5～10厘米。

2）防热。木质家具受阳光暴晒或烘烤容易收缩，所以日常应避免烈日暴晒，同时要注意防止受热，家具摆放时不要靠近暖气片，以防受热而破裂。

3）防冲撞。木质家具因其质地较松较脆弱，一经冲撞，就会造成划痕或破损。因此，在搬运或摆放时，一定要小心谨慎，轻拿轻放。

4）定期打蜡、上光。使用时间较长的木质家具会失去光泽，因此必须定期除尘、打蜡、上光。

① 除尘。上蜡前先擦去木质家具表面的浮尘和污迹。

② 打蜡。用细软的布包上白蜡或与家具颜色相近的其他上光蜡，轻轻抹在家具表面。打蜡时要均匀，蜡层厚薄要适当。也可选择喷雾型家具保养蜡，在距离家具表面15厘米处轻轻均匀地喷洒。

③ 上光。用干净、细软的干抹布反复揩擦，约15分钟后再重复一次。第一遍在家具表面形成一层保护层，第二遍则可达到上光的目的。

课后小结

饭店设备是饭店进行经营活动的物质条件，也是饭店等级和档次的标志之一，更是饭店提高服务质量的物质保证。因此，在饭店的管理中加强对饭店设备的管理，其重要性是不言而喻的。在饭店的设备管理中，要重视对设备购置时的选择和评价，以配备适合饭店实际需要的设备。正确合理地使用设备是饭店设备能够发挥最大作用的前提，因而对饭店设备操作人员进行必要的培训，制定有关设备使用的制度并加强监督是必要的。饭店设备管理中，对饭店设备进行正确的保养和及时维修是饭店设备正常运转的保证，也是延长饭店设备寿命、降低成本、提高经济效益的重要和有效途径。饭店设备的商品性决定了饭店设备的寿命周期较短，选择好时机，采用最佳的方案对饭店设备进行更新改造是饭店设备管理的重要内容。在饭店设备的更新改造中，要严格按照更新改造的程序进行，并要重视从技术和管理两个方面对设备的更新改造进行总结。

思考与练习

1. 饭店设备管理的含义是什么？
2. 为什么说饭店设备管理的好坏直接影响饭店的经营效益？
3. 饭店设备购置时评价的方法有哪些？
4. 饭店设备运行控制的基本环节有哪些？
5. 如何做好饭店设备的保养工作？
6. 饭店设备维修的方式主要有哪几种？
7. 简述饭店设备更新改造的程序。

第 7 章

饭店安全管理

【案例导入】

在饭店的服务工作中，每天都在和电器打交道。电器的使用给饭店员工的工作带来了极大便利和效益，但如果使用不当也会给工作带来隐藏性危机。某饭店夜总会晚上营业结束后，服务员关了灯，锁好门下班了。凌晨3点钟左右，保安部员工巡逻至夜总会门口，发现门缝内有浓烟冒出。发现情况不妙后，保安赶紧通知值班室，拿来钥匙开门进去查看，只见吧台上的加热器已经烧焦，吧台被烧了一个大窟窿，木质的吧台在着火而且火势正向旁边的计算机蔓延。保安当机立断，马上切断电源，取下墙上的"1211"灭火器迅速扑灭了火，控制了火势。事后查明，这是夜总会酒水员下班时忘记把加热器的电源关掉，致使水壶内的水烧干，炽热的金属加热器使吧台木板温度过高自燃而引起了这起事故。幸亏保安及时发现，否则后果不堪设想。

[**分析**] 任何一个安全细节的忽视都有可能酿成一场大的灾难。饭店里电器使用频率是很高的，而员工有的是刚刚上岗，有的出于知识水平的限制，对一些设施设备的操作存在一定的盲区。因此，加强员工对电器等设施设备的使用、维护、保养等方面的培训是一项最起码也是必备的工作。同时，加强员工责任心意识的培养，严格劳动纪律，以及加强安全检查、巡检力度，是控制和避免事故发生的有效保证。

【学习目标】

1. 了解饭店安全管理的基本要求、意义和特点。
2. 熟悉饭店安全管理的基本原则。
3. 掌握饭店安全管理重点应做的工作。
4. 掌握饭店安全管理的内容及安全管理措施。

【学习重点】

1. 饭店安全管理的意义、特点及工作任务。
2. 饭店安全管理的内容与措施。
3. 饭店安全管理的基本环节。

【学习难点】

饭店紧急事故、事件的处理。

安全是指没有危险，不受威胁，不出事故。饭店安全一般指饭店及住店客人、本店职工的人身和财产在饭店所控制的范围内，没有危险，也没有其他因素导致危险的发生。饭店安全是饭店一切工作的保障，也是饭店开展各项经营活动的基础。只有在安全的环境里，各种服务活动才能开展，并确保其质量；也只有在安全的环境里，饭店的经营管理活动才能取得理想的社会效益及经济效益。因此，完善饭店安全制度，强化饭店安全措施，提高饭店安全管理水平，是饭店管理工作的重要内容。

7.1 饭店安全管理概述

7.1.1 饭店安全管理的概念及基本要求

1. 饭店安全管理的概念

饭店安全管理就是饭店为保障饭店客人和员工的人身及财物安全，以及饭店财产安全而进行的一系列计划、组织、指挥、协调、控制等管理活动。

2. 饭店安全管理的基本要求

根据饭店安全管理的概念，饭店安全管理的基本要求体现在以下三个方面。

（1）保障客人的安全

保障客人的安全是饭店安全管理的主要任务。要保证客人的安全，首先必须对客人的安全有一个全面的认识。一般来说，客人的安全主要包括以下三个方面。

1）保障客人的人身安全。保障客人的人身安全就是保障客人的人身不受侵害，这是客人在饭店消费时最原始、最起码的要求。造成客人人身伤害事故的因素主要有社会政局、自然灾害、公共治安、饭店设施设备安装不当及火灾、食物中毒等，其中有些因素是饭店自身无法控制的。

2）保障客人的财产安全。客人的财产安全是指客人入住饭店后，随身所带的一切财物的安全，以及委托饭店代为托运、保管的财物的安全。客人的财产损失一般来自火灾事故、盗窃案件和饭店工作中的差错。

3）保障客人心理上的安全感。客人心理上的安全感实际就是客人入住后对饭店环境、设施、服务的一种信任感。有时虽然客人的人身未受伤害，财产也未损失，但客人却时时感到有不安全的威胁，存在一种恐慌心理。这种不安全的威胁，主要表现在以下几个方面：一是设施、设备安装不合理或不牢固，如冷热水龙头装反、电器设备漏电、空调噪声过大、餐厅地砖不防滑等；二是收费不合理，价格不公道，使客人有“敲竹杠”之感；三是服务人员服务不当，如不敲门进房、随便翻动客人的东西、不恰当的询问、不科学的会客服务方式、不负责的查房等；四是饭店气氛过于紧张，如禁止通行、闲人莫入、此路不通的标语随处可见，保卫人员表情严肃，态度生硬；五是饭店缺乏必要的防盗和消防设施。客人心理上的安全感从某种意义上讲，比客人的人身安全和财产安全更为重要，但也是饭店在管理中最容易忽视的。

（2）保障员工的安全

保障员工的安全是饭店业务活动顺利进行并取得良好效益的基本保证，必须引起高度重视。但是，应当指出，这里所指的员工安全，实际上是一种广义范畴，其主要内容包括以下两个方面。

1）保障员工的人身安全。保障员工的人身安全就是保障员工的身体健康，使员工的身体不受伤害。一般来说，影响员工身体健康、造成人身伤亡事故的因素主要有三个方面：一是由于设备不良或操作不当造成的工伤事故，如跌伤、扭伤、割破、烧伤、烫伤、触电等；

二是由于劳动保护措施不力引起的各种疾病与伤害；三是客人中的个别不法分子无理取闹，殴打员工致伤。由此可见，保障员工的人身安全是一项内容广泛和复杂的工作。

2）保障员工的合法权益。饭店为了正常运转、提高服务质量和经济效益，必须制定严格具体的规章制度。例如，要坚持“客人就是上帝”、“客人永远有理”的观念，在任何情况下都不能和客人争吵；员工出饭店大门，应自觉接受门卫的检查等。为此，员工在工作中难免会受到各种委屈和没有修养的客人的侮辱。所以，作为饭店的管理者和保安部门，必须坚持依法办事，主持公道，保障员工的人身权利不受侵犯、人格不受侮辱。

（3）保障饭店的安全

保障饭店的安全，首先表现在为了维护饭店的形象不受破坏而进行一系列工作。例如，有的客人在公共场所酗酒、大声吵闹，或衣冠不整、行为举止不雅等，就会影响饭店的格调，损害饭店的形象。对此，饭店的保安人员就必须及时加以劝说或阻止。其次表现为保障饭店的财产不受损失，如配合财务部催讨欠款、防止和追查逃账、预防和打击内偷外盗的行为等。

7.1.2　饭店安全管理的意义

1. 安全工作的好坏，直接关系到客人的满意程度

饭店要满足客人的需要，固然需要完善的设施、齐全的项目、优良的服务，但还需要有令人放心的安全措施和制度，因为安全是客人的基本需求。如果我们只是强调热情、礼貌、高效的服务，而忽视必要的安全工作规定，如客人索要钥匙不核对房卡、非住店客人进入楼层不询问，那么就可能给犯罪分子以可乘之机。所以，如果一家饭店的安全措施和制度残缺不全或形同虚设，监督不力，致使饭店的治安秩序混乱、偷窃案件时有发生，火灾及食物中毒事件连续不断，客人的生命和财产没有保障，那么，这样的饭店就不能令客人满意。

2. 安全工作的好坏，直接关系到饭店的经济效益

饭店安全工作不力所造成的损失，不仅表现为直接的经济损失，如发生火灾、食物中毒的财产损失、赔偿费的支出等，而且更主要地表现为一种声誉的损失，即形象的破坏。这种损失则具有一种辐射作用，往往难以用直接的数量指标来计算。每一个客人都会把安全系数的高低列为选择饭店的首要因素。具有安全“金字招牌”的饭店，其牌子就是一种吸引力，使客人纷至沓来。反之，则会使客人望而却步。

3. 安全工作的好坏，直接关系到员工的积极性

饭店的安全管理也包括员工的安全。所以，如果一家饭店各种防范和保护措施不力，工伤事故不断，员工的健康不能得到有效的保障，就很难调动员工的工作积极性，使其难以有效地工作及提高效率。

7.1.3　饭店安全管理的特点

1. 管理难度高

饭店安全管理的难度主要表现在以下两个方面。

1）饭店作为公共场所，它不仅是客人食宿的地方，还是客人进行商业活动、社交活动和娱乐休息的场所。饭店的客人具有客流量大、人员复杂、彼此互不相识的特点，因此，往往是犯罪分子作案的目标和隐藏匿居的地方，发案可能性较大。

2）饭店安全管理以设施、设备和安全措施为主要对象，而饭店的设施、设备种类多、分布广，且属于各个不同部门，有些设施设备直接供客人使用，保安部门不直接管理，这就给制定和落实安全措施带来了一定的困难。

2. 服务性强

饭店的安全管理不同于工厂、政府部门的安全保卫工作。饭店的保安部门与其说是执法部门，倒不如说是服务部门。因为它固然需要维护饭店的治安，处理各种违纪事件，但更多的则是为客人和饭店其他部门提供服务。所以，饭店的安全管理既要积极防范，又要内紧外松，不能戒备森严，气势吓人；既要监督各部门严格执行安全规定，又要尽量简化手续，努力为他们提供方便。作为一名保安人员，既要有公安人员的警惕性，又要有服务人员的和颜悦色；既要坚持原则、按制度办事，又要文明礼貌、乐于助人。

3. 管理幅度大

饭店的安全管理不仅包括保障客人的人身、财物安全，而且包括保障客人的心理安全及员工和饭店的安全，其管理幅度和内容几乎涉及饭店的各个部门和饭店工作的各个方面。不仅如此，除了做好饭店内部工作外，还要做好社会工作，同社会有关方面保持联系，尤其是要做好与公安、消防、卫生防疫等部门的联系和协调工作。

4. 政策性强

饭店是一个“小社会”，饭店的安全保卫业务差不多涉及治安管理、外国人管理、保卫业务、消防、交通管理等，有的是公开的，有的是秘密的；有的属于刑事范围，有的属于治安范围；有的涉及民族政策，有的涉及外事政策。所以，不同的业务有不同的政策方针和法律法规。另外，对待同一种行为，由于行为者的国籍不同、行为发生地不同，处理的依据、方式和结果也会不同。由此可见，饭店的安全管理政策性极强。作为饭店安全管理人员则必须懂得一些外交、侨务、民族、宗教等方面的政策和国内、国际上有关的法律，做到有法则依法办事，无法则按现行政策办事，从而使饭店安全管理走上法治的轨道。

7.1.4 饭店安全管理的基本原则

1. 宾客至上，服务第一的原则

坚持宾客至上，服务第一，就是饭店必须把客人放在首位，努力为客人提供舒适完美的服务，力求使客人感到满意。这是饭店经营的基本宗旨，也是饭店安全管理的根本出发点。因此，饭店的安全管理部门必须确立全心全意为客人服务的思想，尊重客人，关心客人，方便客人，做到文明执勤，文明办案，努力保障和维护客人的合法权益和人身、财物的安全，从而使保安部门真正成为客人的“卫士”、不法分子的“克星”。

2. 预防为主的原则

所谓预防为主，就是集中主要精力做好积极主动的防范工作，防止各种事故、案件的发生，这是饭店安全管理工作的经验总结。坚持预防为主的原则，就是饭店必须建立健全各级安全管理组织，明确各级组织的安全责任，加强全员安全知识培训，完善各种安全设施和各项安全管理制度，注意日常的巡视检查，及时发现和消除各种不安全因素和事故隐患，做到防微杜渐，堵塞各种空隙漏洞，把各类事故消灭在萌芽阶段。

3. 谁主管、谁负责的原则

“谁主管、谁负责”的基本精神是分清层次，各司其职，各负其责。作为饭店的安全管理工作，不仅仅是饭店保安部的事情，更应是全饭店的工作，应当在总经理的领导下，实行分级管理，分段负责，要把安全工作的好坏列为各部门的考核指标，同他们的实际利益挂起钩来，真正把安全管理的责任落到实处。

4. 群防群治的原则

群防群治就是依靠广大员工做好饭店的安全管理工作，要使每一个员工成为饭店的安全员。因为，饭店员工是饭店的主人，处在饭店业务经营活动的第一线，最熟悉饭店内部的情况，对饭店的各种不安全因素和薄弱环节也最容易发现。只有依靠他们，才能及时发现问题，并采取有效措施，堵塞各种漏洞，消除不安全因素。

5. 内紧外松的原则

内紧外松就是要求饭店员工要有高度的警惕性，要做好严密的防范工作，但在形式上要自然、宽松。由此可见，内紧是实质，外松则是形式，两者是不可分离的统一体。作为饭店的安全管理工作，既要建立各种安全管理制度，注意对可疑人员的查问，又要注意方式方法，尽量使客人感到舒适、方便、宁静。既要配备各种安全管理器材，设置各种安全管理岗位，又不要给人以草木皆兵、戒备森严之感。

7.1.5 饭店安全管理的工作任务

饭店安全管理工作意义大、范围广。结合饭店经营管理的特点，饭店安全管理的任务是，在建立健全安全机构、制度与落实饭店和各部门安全管理规章制度和岗位责任制度的基础上，重点做好以下几个方面的工作。

1. 开展安全和法制教育，组织安全业务培训，提高员工的安全意识

没有受过专业训练的员工对安全保卫工作的认识不尽一致，而且饭店的员工由于分工不同，考虑问题的角度不同，对安全工作重要性的认识也有高低之分。因此，饭店要根据公安、卫生防疫、消防等单位的规定，结合饭店的特点，制定具体的安全措施。饭店应经常开展安全和法制教育，要对全体员工进行安全业务培训，包括未发生事故时的预防、发生事故时的处理等，要给员工培训法律知识，提高员工对各种犯罪活动的警惕性，使饭店广大员工牢固树立“安全第一”的观念，提高对安全工作的认识。

饭店员工安全培训是饭店安全管理的重要任务。饭店的服务活动都是由饭店员工向客人提供的，经常对饭店员工进行安全方面的培训，可以让饭店所有员工都能运用安全的工作方式为客人提供服务并在工作中随时注意安全问题，消除安全隐患，减少安全事故的发生。饭店员工安全培训包括专业知识培训和相关知识培训两个方面。

（1）专业知识培训

有关饭店安全意识与安全工作的专业知识内容非常广泛，主要有钥匙控制程序，闭路电视监控系统的操作和应用，消防报警系统的程序，紧急事故处理的程序，宾客行李安全保管及贵重物品寄存的程序，设备安全检查及维修的程序，设备、工具安全使用规程等。

以上专业知识的培训不仅要在课堂上讲授，更应该在上岗培训期间边做边学，把学到的知识在实践中体验领会并能正确应用。

（2）相关知识培训

对员工的培训应该着眼于提高员工整体素质。因此，还应该对员工进行更广泛的知识及能力的训练，内容包括：我国的法制及法规，尤其是适用于饭店经营及饭店安全工作的法规；法律知识及法律程序；整个饭店的安全计划，有关安全工作的政策、程序、活动等；本饭店建筑设计布局、各种设备的装置及有关建筑、设备的各种规章等。

为了有效地应付紧急事件，对员工必须进行安全知识的教育。这种教育并不仅仅是告诉员工如何处理紧急情况，更重要的是训练员工的安全意识，使他们在平时保持警觉，能及时发现事故隐患并立即报告。还要教育培训员工如何正确使用设备和搬运物品，防患于未然。这种训练应当经常不断地、反复地进行。这样做一方面是为了使新员工接受安全指导，另一方面是为了巩固老员工已经得到的有关安全的知识。

2. 健全安全防范管理制度，严格实行安全保卫岗位责任制

安全防范管理是饭店安全管理的中心工作之一，其目的是维护饭店治安秩序，防止个别盗窃、诈骗、流氓滋事、走私贩毒和扰乱社会治安的事故在饭店发生，以确保客人的人身和财产安全，从而保证饭店和各部门业务活动的顺利开展。

饭店安全防范管理制度有门卫制度、巡逻制度、客人住宿验证登记制度、钥匙管理制度、总服务台安全防范制度、财务保管制度、防火安全制度、访客制度、情况报告制度、通缉协查核对制度、交接班制度等。对于这些制度，饭店各部门应严格执行，不能松懈，做好预防管理。另外，落实安全防范管理制度的基础，是积极推行安全保卫岗位责任制。实行安全保卫岗位责任制能调动员工的积极性，增强安全保卫人员的工作责任心和主动性，有利于饭店安全防范措施和制度的落实。

3. 加强饭店内部的管理，维护内部治安秩序

饭店安全管理的专业职能部门是安全保卫部。安全保卫部在饭店内部治安管理中的主要职责是在饭店总经理领导下，在治安管理部门的指导下，对饭店内部的治安管理工作进行管理、检查、督促，以维护饭店内部的治安秩序，其治安保卫管理工作以内保、警卫、巡逻等管理为主。例如，加强对饭店的开业、转业、客人登记及兼营舞厅、音乐茶座等的管理工作；加强对酒吧、咖啡馆、商场、游乐场等饭店内部的公共场所的治安管理，维护内部治安秩序；加强对危险物品和枪支弹药的管理；对饭店内部员工的轻微违法犯罪行为进行教育、帮助，严肃查处各种治安案件；配合有关部门做好消防、交通管理和与其他灾害事故作斗争等。

4. 做好日常接待服务中的安全管理，预防事故发生

饭店日常接待服务中的安全管理的重要工作内容是保证客人和饭店的人身与财产安全，其重点是做好三个方面的工作：一是门卫安全管理，即要在“严密与合理统一”、“安全与方便相结合”及“内紧外松”的原则下，做好客人进出、员工进出、客人来访等安全管理，防止事故发生；二是前厅柜台接待服务安全管理，即要认真做好每位客人的住宿登记、临时户口报送管理和客房钥匙管理，配合公安部门查处所通缉的罪犯；三是客房日常安全管理，包括客房安全、客房巡视检查、电器防火安全、楼层客人会客安全管理等。此外，还有餐厅、

厨房、康乐、各收款点的日常服务中的安全管理等。总之，饭店日常接待服务中的安全管理是一项涉及各部门、各环节的十分繁杂而细致的工作，同样要建立健全各级人员的安全岗位责任制，调动广大员工的积极性，才能保证饭店和各部门的日常安全。

5. 协助公安机关查处破坏事故和治安事故

饭店内容易发生的灾害事故主要有火灾、食物中毒、盗窃、客人伤害、爆炸、建筑物倒塌等。这些事故对饭店经营和声誉都有严重影响，必须在地方政府专业主管部门的归口管理的原则下，根据事故大小、轻重，区别不同情况来处理。

饭店应采取有效的措施做好事故预防和查处破坏事故。在饭店发生治安事故后，首先要会同有关部门和人员，及时查明各方面原因和事故责任者，分清事故性质。经调查如属人为破坏，饭店应负责调查并报公安机关追究其刑事责任；如属责任事故，则由有关部门负责处理，根据情节轻重提出处理措施。同时，还要吸取经验教训，分析安全管理中的漏洞或不足，及时修订安全措施，提高饭店安全管理质量。

6. 确保饭店重点与要害部位的安全

饭店一般既有重点部位也有要害部位。要害部位主要指对国家安危、国际名声和饭店业务全局具有重大作用和影响的部位。饭店要根据实际需要，在门前、公共场所、要害部门设立巡逻岗位，制定安全巡逻管理的规章制度、岗位责任制度，组织巡逻人员每天加强巡逻，维护饭店治安和接待秩序，发现紧急问题要及时处理、及时报告，防止事态扩大。饭店应做好划定要害部位和确定要害部位保卫的主要措施，根据饭店实际情况采取切实可行的方案，确保要害部位的安全。

7. 妥善处理安全事故

饭店客流量大，人员复杂，尽管饭店千方百计加强安全管理，仍不可能做到完全杜绝事故的发生。一旦发生事故，首先要会同有关部门和人员，及时查明原因和事故责任者，分清事故性质，根据情节轻重采取处理措施。

7.2　饭店安全管理的内容与措施

饭店安全管理的主要内容首先是要建立和健全专门的安全组织，负责和协调整个饭店的安全工作。饭店内负责安全管理的职能部门是保安部。安全管理工作千头万绪，要做好安全工作，应该抓住安全管理的四个基本环节，即消防工作、治安管理、卫生防疫工作和劳动保护工作，并做好突发事故和紧急事件的处理工作。

7.2.1　饭店安全组织

1. 饭店安全组织机构的设置原则

管理理论和管理实践表明，任何组织机构的设置都应力求精简、统一和高效，饭店安全机构也不例外。饭店安全组织机构设置的原则如下：

（1）与饭店管理体制相适应原则

饭店保安部作为饭店专门负责安全工作的职能部门，与其他部门一样，直接受总经理领导，向总经理负责。保安部是饭店大系统内的一个小系统，它的机构设置必须与饭店总体的管理体制相适应。

（2）与饭店规模、档次水平相适应原则

饭店的规模和档次不同，接待客人的层次不同，安全的要求也不同。因此，饭店安全组织机构的设置和力量的配备必须与饭店的规模与档次水平相适应。例如，高层建筑的防火要求要比一般建筑高；而庭院式豪华饭店的占地面积大，范围广，安全机构的设置必须与其建筑结构特点相适应。

（3）与饭店的安全设施相适应原则

饭店安全设施的配备应尽可能先进，不同安全设施对人员的素质要求有区别，因而对饭店安全组织的结构会有影响。大多数饭店都安装有自动灭火、报警、安全电视监控系统，这些都需要设立专门的管理岗位及专门的管理人员。

（4）与所承担的安全保卫任务相适应原则

由于饭店的管理机制不一，也使饭店的安全职能部门的任务有所不同。例如，有的饭店保安部门对饭店其他部门安全工作贯彻、落实、检查、考核方面需要投入较多的力量，而有的则主要由各部门自行负责，安全保卫部门只需要检查、督促等。

2. 饭店安全管理的组织及其职能

饭店的安全管理组织一般有安全管理委员会、保安部、消防管理委员会。另外，在饭店内还有安全管理小组和由员工组成的各治安协管小组。

（1）饭店安全管理委员会

1）饭店安全管理委员会的组织机构。饭店安全管理委员会是饭店安全管理工作的领导机构和群众性组织，由饭店高层领导、保安职能部门经理及饭店其他部门经理组成。其组织机构如图 7-1 所示。

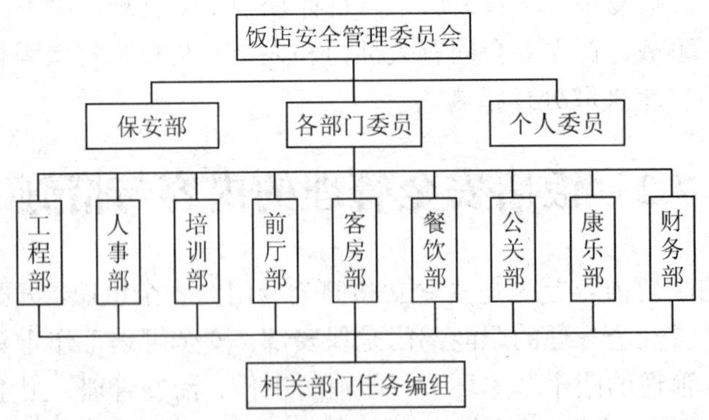

图 7-1　饭店安全管理委员会组织机构

2）饭店安全管理委员会的主要职能包括：

① 制订和实施饭店安全工作计划。

② 检查并随时把握饭店安全状况。

③ 总结饭店安全管理缺点和失误并提出安全管理意见。

④ 监督饭店保安部工作情况。

⑤ 对饭店员工进行安全教育和法制教育。

⑥ 提高饭店全体员工的安全意识。

（2）饭店保安部

1）饭店保安部的组织机构。饭店保安部是饭店专门的安全机构，直接受饭店总经理的领导，隶属于饭店安全管理委员会，负责饭店各类安全保卫的具体工作。由于饭店规模和性质不同，各饭店保安部的组织机构设置各不相同。一般饭店保安部组织机构如图7-2所示。

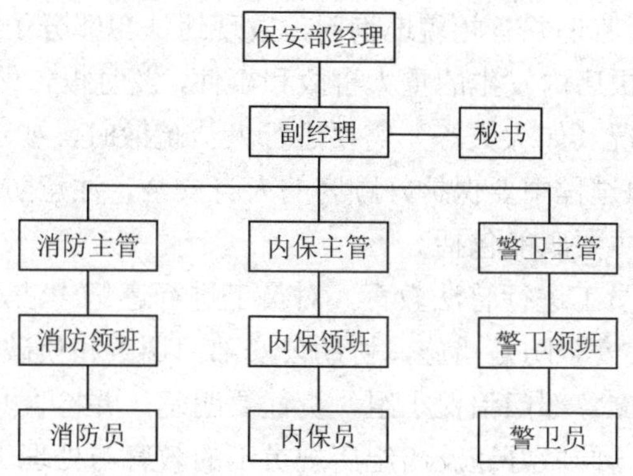

图7-2 饭店保安部组织机构

2）饭店保安部的主要职能包括：

① 制定并不断完善饭店的各项安全制度和规定，报总经理批准后发布，并监督和落实。

② 领导饭店各部门全力维护饭店的正常经营秩序，维护饭店各经营部门如客房部、餐厅部、康乐部、商务部及公共场所等的秩序，保证饭店的正常运行。

③ 做好饭店重大活动的安全工作，对饭店的重要客人要做好内部保卫，积极配合公安机关进行案件侦查，严厉打击各种违法犯罪活动，全力做好饭店的安全保卫工作。

④ 对住店客人的证件要认真登记核实并实行监督，全面监控饭店一切可疑人员。

⑤ 领导各部门做好安全检查工作，不遗漏任何安全隐患，对查出的安全隐患要及时向领导和上级主管部门汇报，并尽可能快地采取措施积极解决。对已发生的事故要查明原因，归纳总结经验和教训，指导安全管理工作。

⑥ 定期或不定期地做好饭店全体人员的安全培训工作，特别是做好新员工的安全培训工作，并进行一定的安全知识教育与考核，以提高饭店全员的安全素质。

⑦ 结合饭店实际，不断健全饭店的安全管理制度。

3）保安部警卫组的主要职能包括：

① 在保安部经理的领导下，切实做好饭店内的安全警卫工作，防止各种不安全事故的发生。

② 了解饭店保卫工作的特点，熟悉警卫范围内的情况，掌握饭店的治安情况，妥善安排属本组范围的工作。

③ 负责对饭店所有出入口的安全警卫。

④ 管理进出饭店的人员和物资。凡洽谈工作的人员来访一律在职工通道登记进入，凡进入饭店的物资都应进行检查登记。负责饭店员工上下班计时打卡管理，对员工携带包裹也应进行检查。

⑤ 对饭店进行24小时警卫巡逻，防止各种事件的发生。护送饭店财务人员去银行交款取款。

⑥ 维持饭店门口的秩序，管理饭店内外的各种车辆，避免交通阻塞，保证饭店大门秩序井然。

⑦ 对欲携带易燃易爆等危险品进店的顾客进行劝阻，对不听劝告者上报保安部领导进行处理。

⑧ 在节假日、宾客迁入、迁出饭店高峰时及宾客活动比较集中的场所，应注意加强警卫，发现可疑人员要进行监视并有礼貌地询问，发现违法犯罪分子应及时报告保安部经理。

⑨ 沉着冷静地对待饭店内发生的重大事故和事件，及时报告保安部经理，保护好现场。

⑩ 饭店发生紧急情况（如火灾等）需要进行人员疏散时，要迅速地组织饭店内的人员和物资进行疏散，在疏散过程中要保护好顾客的人身安全，注意防盗。

4）保安部内保组的主要职能包括：

① 协助饭店领导对员工进行普法教育，对员工进行遵纪守法及“四防”安全教育，帮助饭店各部门建立和落实安全防范措施，协助公安部门调查和侦破饭店内发生的各类案件。

② 协助饭店领导建立各部门治保小组，责任要明确，并检查其落实情况。

③ 协助人力资源部一同做好违反店纪店规员工的教育与处理工作。

④ 保卫客人人身和财产安全，安排 VIP（重要客人）的重点保护工作，杜绝不安全因素。

⑤ 对饭店内发生的一般案件迅速进行侦破。对重大案件和重大事故要保护好现场，及时报告上级领导，协助公安部门进行处理。

⑥ 负责调查、追问客人和饭店被窃物品，防止偷窃事件的发生。

⑦ 负责饭店门锁钥匙的管理和钥匙配制的档案管理。

⑧ 熟悉饭店员工的基本情况，了解饭店的客情；接待和处理属本组工作范围内的外调、来信和来访工作；办理临时出入饭店工作人员的出入证。

⑨ 在节假日和旅游旺季，主动配合警卫组和消防组做好安全防范工作。

5）保安部消防组的主要职能包括：

① 严格执行国家有关消防安全工作的法规，做好饭店工作人员防火常识教育和消防培训工作。

② 负责制定饭店防火安全条例，制订防火、疏散和灭火计划。

③ 协助各部门制订部门防火安全计划，并定期检查其落实情况。加强重点部门和部位的防火工作，落实重点部位和部门的防火工作。

④ 定期对灭火设施、器材进行检查和维护保养，发现问题及时与有关部门商议整改。发现重大隐患或解决不了的问题，用书面形式向上级领导汇报，同时采取有效的防范措施。

⑤ 熟悉饭店建筑布局结构、建筑材料的特点、紧急情况时的疏散计划与路线、消防设备的配备和设置情况。

⑥ 发现火警信号或接到火警报告应立即赶赴现场；发现火情，应立即组织人员扑救，同时将火势情况报告保安部经理和总经理，由总经理决定是否向公安消防部门报警。

⑦ 给来饭店施工的单位或个人制定防火安全措施，审批“动用明火作业”申请。

⑧ 对饭店内的各种危险品（易燃品、易爆品等）实行监管。经常检查各部门有无火情隐患，并督促及时整改，杜绝不安全因素。

⑨ 建立健全安全工作档案。

⑩ 同当地消防部门保持密切联系，接受消防部门的指导。

（3）消防管理委员会

消防管理委员会负责管理和领导饭店的消防管理工作。消防管理委员会由饭店的房务部、餐饮部、保安部、工程部及相关部门的领导组成，饭店总经理是消防管理委员会的主任。由于饭店的消防工作涉及各个岗位、各个人员，因此，饭店消防管理委员会必须有各部门、各种不同工作岗位的员工代表参加，以便消防安全管理能触及各部门、各个层次与区域。

饭店消防管理委员会的主要职能包括：

1）认真贯彻上级和公安消防部门有关消防安全工作的指示和规定，把防火工作纳入饭店的日常管理工作中，做到同计划、同布置、同检查、同评比。

2）实行“预防为主，防消结合”的方针，制定灭火方案和疏散计划，定期研究、布置和检查饭店的消防工作。

3）充分发动与依靠每个员工，实行岗位防火责任制，保证饭店消防工作计划和政策的实施与落实。定期进行防火安全检查，消除火灾隐患和不安全因素。

4）组织检查饭店消防器材的配备、维修、保养和管理，确保消防设施设备及器材的完好，使其始终处于良好的使用状态。

5）组织员工进行消防知识教育培训与消防演习，使每位职工认识消防工作的重要性，发现不安全因素立即排除并上报。让员工熟悉报警程序、疏散程序，熟悉紧急出口和通道，并能正确地使用灭火器材。

7.2.2　饭店安全管理的基本环节

饭店安全管理的内容多、范围广、要求高，要做好这项工作，必须抓住重点。一般来说，饭店安全管理主要应抓好以下四个环节的工作。

1. 消防工作

火灾是饭店安全管理的最大“敌人”，所以，消防工作是安全管理的主要内容和重要环节。

消防工作主要包括火灾的预防和火警、火灾事故的处理。饭店应贯彻“预防为主，防消结合”的方针，切实采取有效措施，以达到“消除火灾，控制火警，确保安全”的目标。

饭店消防工作的具体措施如下：

1）贯彻“谁主管、谁负责”的原则，层层落实消防安全责任。

根据《中华人民共和国消防法》的规定，饭店应建立饭店、部门、班组三级防火组织，并确定相应的防火负责人。通常，一级防火负责人由饭店总经理担任，二级防火负责人由各部门经理担任，三级防火负责人则由各班组领班担任。各级防火负责人的基本职责包括：

① 认真执行消防法规，领导饭店、部门、班组的消防安全工作。

② 组织制定和贯彻执行消防规章制度及灭火方案。

③ 组织制定并实施防火责任和岗位防火责任制。

④ 立足自防自救，对员工进行防火安全教育，组织义务消防队或组织所属员工进行消防演练。

⑤ 布置、检查、总结消防工作，定期向公安消防监督机关或上级部门报告工作情况。

⑥ 组织防火安全检查，督促消除火险隐患，组织扑救火灾事故。

为了加强消防工作检查，及时消灭火警和火灾，饭店还应设立消防中心，组建义务消防队。消防中心隶属保安部直接领导，对全饭店实施严格的消防监督。

2）制定防火工作措施，从制度上预防火灾事故的发生。饭店引起火灾的原因众多，但以吸烟、使用明火不当、电器设备走火、厨房吸风罩油溅起火为居多。所以，饭店要做好消防工作，必须制定严格的防火措施，其中包括使用明火规定；煤气运输、贮存、使用规定；电器设备的安装、检修规定；客房安全管理制度；厨房防火制度，等等，以确保消防工作有标准、有依据。

3）配备必要的、完好的消防设施。为有效地做好防火工作，饭店必须配备如灭火器、消防栓、防火门、排烟装置、烟温感报警装置、自动喷淋装置、消防专用梯等消防设施和器材，并要进行定期检查和启动，保证设施、器材的完好率。

4）发动群众，及时消除火灾苗头和隐患。饭店发生火灾事故，往往是没有及时发现、排除事故苗头和隐患引起的。这些苗头和隐患又大多发生在客房、餐饮、工程等部门或公共场所。因此，只有发动全体员工提高警惕，及时发现与处理各种苗头和隐患，才能预防火灾事故。

5）制定火灾报警和疏散程序。消防工作包括防火和灭火两个方面。饭店的消防工作要立足于防，做到防患于未然。但是，即使预防工作做得比较周密，也有可能会出现火警或发生火灾。俗语说："不怕一万，只怕万一。"所以，饭店还必须制定火灾报警、疏散、消防安全告示等规定，以便使员工和客人在发生火警或火灾时能采取积极有效的措施，尽可能避免或减少损失。

饭店的火灾报警系统一般可分为两类：一类是火灾自动报警系统，有感温式火灾报警、感烟式火灾报警、感光式火灾报警等；另一类是手动报警系统，有通过电铃进行的报警、有击碎报警按钮器玻璃报警的，还有通过电话向有关部门报警的。不论何种类型的报警系统，饭店均应规定报警的级别、程序及报警后各部门应采取的行动。饭店的报警一般分为两级：一级报警是在饭店发生火警时，只在消防中心报警，其他场所听不到铃声，这样不致造成整个饭店的紧张气氛；二级报警是在消防中心确认饭店内已发生了火灾的情况下，才向全饭店报警。

饭店一旦发生火灾，要尽快把饭店内的人员和重要财产及文件资料撤离到安全的地方。通知疏散的命令一般通过连续不断的警铃、饭店紧急广播系统或背景音乐的广播系统。疏散通知应当事先用中、英文及其他语言视不同情况录制好。在紧急疏散时，各部门的服务员要通知并组织客人疏散，并做好检查工作。为了使客人能在紧急情况下安全撤离，饭店应当从客人一入店就告诉客人防火安全知识和火灾逃生办法。例如，在欢迎卡上注明防火注意事项，在客房门背后安置饭店《火灾紧急疏散示意图》，或在每间客房的桌子上放一本《万一发生火灾时》的小册子，也可以专门开辟一个闭路电视频道，播放饭店的服务项目、安全知识和防火及疏散知识等。

2. 治安管理

治安管理是指饭店为防盗、防破坏、防流氓活动、防治安灾害事故而进行的一系列管理活动，其目的是保障客人、饭店和员工的财产不受损失及客人和员工的人身不受伤害。饭店的治安管理，既要参照国外先进饭店的管理经验，遵循国际惯例，又不能有违我国的治安管理法，要真正把治安管理和优质服务有机地结合起来，达到内紧外松、确保安全的目标。

饭店治安管理的具体措施如下：

（1）配备必要的设施

为了有效地防止失窃、凶杀等案件的发生，饭店除了要增强全员安全意识外，还要注意配备必要的防盗、防暴设备，如闭门器、门窥镜、防盗扣（链）、防盗报警装置、闭路电视监控系统等。有可能的情况下，最好配备双向电子锁系统。

（2）加强对客人的管理

如前所述，饭店作为公共场所，人员流动量大，结构复杂，往往是犯罪分子作案的目标和隐藏匿居的地点，所以，必须加强对客人的治安管理。其具体措施包括：

1）制定科学、具体的宾客须知，如住宿须知、舞厅须知等，明确告知客人应尽的义务和注意事项。

2）加强入住登记工作，严格执行公安部门的凭有效身份证件登记入住的规定，并切实做好验证工作和制定客人领用钥匙的规定。

3）建立和健全来访客人的管理制度，应明确规定接待来访客人的离店时间，严格控制无关人员进入楼层。

4）加强巡逻检查，发现可疑和异常情况及时处理。

（3）健全员工的管理制度

对员工的管理，关键是要制定明确的岗位责任制和行为准则，并加强对员工服务过程的管理。主要的管理制度有员工出入饭店大门及携带物品的规定、员工更衣室的管理制度、员工进入客房及在房内服务的规定、员工领用钥匙的程序和手续等。此外，还必须加强对外来施工人员的管理，如审批手续、凭证出入、规定行走路线和活动地点、进行安全教育等。

（4）建立财物管理制度

为了使客人和饭店的财物不受损失，饭店必须建立和健全以下管理制度：贵重物品保管及保险箱的管理制度、行李寄存及行李房管理制度、拾遗物品的管理制度、要害部门的管理制度、各种物品存入和领用制度、现金管理制度和对超限额消费和欠账客人的管理办法等。

（5）突发事件的处理

一家饭店纵然防范很严，但也难免会发生一些诸如打架、盗窃等违法犯罪活动。所以，饭店除加强预防外，还必须制定处理突发事件的有关规定，如报警、现场保护、急救、事故档案等规定，以便把损失降到最低程度，并为破案创造有利的条件。

3. 卫生防疫工作

从饭店的现实情况看，卫生防疫工作属于安全管理的范畴。从保障客人和员工的人身安全角度出发，同样不能将卫生防疫工作排除在安全管理之外。不过，在饭店内部的管理上，通常由餐饮、客房等部门来承担这项任务。

卫生防疫工作主要是预防食物中毒和疾病传染。饭店要做好卫生防疫工作，关键是要严格执行食品卫生法和公共场所卫生管理条例。

4. 劳动保护工作

劳动保护是指为了保护员工劳动过程中的安全与健康所采取的各种技术措施和组织措施的总称。饭店在安全管理上要做好劳动保护，关键应抓好以下四项工作。

（1）坚持安全生产，防止工伤事故

与其他工作相比，饭店的工作环境虽然优雅，但员工在工作时如不注意安全规定，违反操作规程，漫不经心，就极易发生工伤事故。所以，要防止工伤事故，就必须坚持安全生产。饭店安全生产的具体要求，一是设施设备安装要合理完善，如设置防护、危险识别标志等安全装置，同时要加强对设备和工具检修保养，严禁带“病”操作。二是制定必要的规章制度，如安全用电制度、高空作业安全规定、厨房安全管理制度、锅炉操作规程等，并要严格按规程办事。三是加强安全检查，对违反安全条例者，应按章处罚。

（2）改善劳动环境，预防职业疾病

饭店劳动环境的好坏不仅影响到员工的工作热情和工作效率，而且关系到员工的身心健康。如果员工长期在嘈杂、阴暗、潮湿、高温等环境下工作，将会导致一些职业病的发生。尽管饭店的劳动环境一般优于其他行业，但如锅炉房、厨房、洗衣房等场地的安全环境也应引起足够的注意。另外，还要注意对员工定期进行健康检查，建立健康档案。

（3）实行劳逸结合

实行劳逸结合就是既要要求员工为饭店多做贡献，又要保证员工的休息娱乐。为此，饭店必须合理组织劳动，科学安排人员和工作时间，尽量避免加班加点，保证员工有足够的休息时间。同时，还要注意组织各种文体活动，增强员工的体质。

（4）注意保护和保障女员工的健康

女员工由于生理特点，如经期、孕期、产期、哺期，比男员工更易疲劳和患病。所以，为了保护女员工和下一代的健康，饭店必须对女员工实行必要的特殊政策，以保障女员工的健康。

7.2.3 饭店紧急事故、事件的处理

1. 客人伤病的处理

客人伤病是指客人在住店期间生病和各种原因的受伤。任何员工在饭店内发现有伤病客人，应立即向保安部或值班经理报告，尤其是客房部的服务人员及管理人员在工作中，要随时注意是否有伤病客人。对于直到中午 12 时仍挂有“请勿打扰”牌子的房间的客人，要通过电话进行询问，电话总机也要注意伤病客人来电求助。

保安部或值班经理在接到客人伤病的报告后，应会同医务人员和大堂副理去现场了解处理。如客人伤病情况不严重，由医务人员处理或送客人去医院进行仔细检查及治疗。如伤病情况严重，应边进行急救处理，边安排急救车将伤病客人送到医院去治疗，绝不可延误时间。对于送医院抢救的客人，饭店应派员和客人的亲友等一道前往。如果客人需住院治疗，要协助办理手续。

外国客人发生伤病，需要到当地指定的医院或医院的指定部门就诊。外国客人就诊应遵循中国医疗部门所制定的规章制度，就诊时应携带外交身份证明。客人在住院期间需按所在医院的医疗方案进行，不得自行用药或自找院外医生治疗。如客人需要动手术或病情严重，必须由医生通过翻译让病人的亲友或领队在手术同意书签字表示同意，医院才能进行手术。

在一切事项处理完毕后，饭店有关部门应写出客人伤病情况报告，除呈报总经理及有关部门外，还应存档备查。

2. 客人死亡的处理

客人死亡是指客人在住店期间内因病死亡、因意外事件死亡、自杀、他杀或其他原因不

明的死亡。除前一种属正常死亡外，其他均为非正常死亡。

保安部工作人员在接到客人死亡的报告后，应向报告人问明客人死亡的地点、时间、原因、身份、国籍等，并立即报告保安部经理。保安部经理接到报告后，应会同大堂副理和医务人员前去现场。在客人尚未死亡的情况下，要立即送医院进行抢救。经医务人员检查，客人已确定死亡时，要派保安部人员保护现场。对现场的一切物品都不能挪动，严禁无关人员接近现场，同时向公安部门报告。

如果是外国客人在饭店内死亡，应严格按照国家有关外国人在华死亡后的处理规定进行处理，由我国政府有关部门迅速通知死亡者所属国驻本辖区的使、领馆。如果死亡者国籍所属国同我国签订有领事条约，而条约中含有关于缔约国国民死亡规定的，应按条约中的有关规定办理。

对于客人在饭店内死亡的情况，除向公安部门或上级领导报告外，任何人不得对外（包括店内职工）泄露。

在一切事项处理完毕后，保安部要把客人死亡处理的全过程详细记录并存档。

3. 客人违法的处理

客人违法一般是指客人在住店期间内犯有流氓、斗殴、嫖娼、盗窃、赌博、走私等违反我国法律的行为。保安部值班人员在接到有关客人违法报告后，要立即派内保主管和警卫人员到现场了解情况，保护和维护现场秩序。对于较严重的事件，保安部经理需亲自到现场调查，同时要向值班总经理报告。

保安部人员在找客人了解情况之前，一定要慎重，要了解客人的身份。对于客人之间一般的吵骂等行为，保安部可出面进行调解。对于违法的行为，要查明情况，做好笔录，并视违法犯罪行为情节的轻重，确定刑事案件或治安案件。

如果事件涉及外国人，需向当地公安机关外管部门报告，并严格按照我国的有关法律和政策办事。一般应注意以下几点。

1）对享有外交特权和豁免权的外国人违反治安管理的，要通过外交途径处理。对不享有外交特权和豁免权的外国人有违反治安管理的，由公安机关按照《中华人民共和国治安管理处罚法》进行处理。

2）对于发生外国人违反治安管理的案件，应当依照法律规定和办案程序，认真做好查处工作。要坚持做到以下三点。

① 要及时。主管部门接到报告，要及时派人赶赴现场，查清当事人的国籍、姓名（中、外文）、来华事由和身份，开展调查询问，了解清楚事实，分清责任，依法处理。

② 要取证。查处外国人违反治安管理的案件尤其要注意取证，有条件的应当对案件现场拍照、录音录像，从获取物证到当事人和旁证人写的材料及谈话笔录都要有根据，一丝不苟。证据要准备充分，要经得起检验。

③ 要依法。定性裁决处罚要准确，要有法律依据。

3）对外国人违反治安管理案件的查处由治安部门归口管理，外国人管理部门配合。对外国人违反治安管理的行为属于一般小事、情节轻微的，可由当地派出所或在现场的民警进行处理。决定给予处罚的，由县、市公安局、公安分局或者相当于县一级的公安机关裁决；给予拘留处罚的，由地、市公安处、局审批，并报省、自治区、直辖市公安厅、局，向公安部备案。

4. 客人报失的处理

客人报失是指客人在店期间在店内丢失、被窃或被骗财物向饭店进行报失的事件。保安部人员在接到客人报失或饭店工作人员的报告后，要立即会同大堂副理向失主问明事情发生的经过。要详细记录失主的姓名、房号、国籍、地址、丢失财物的名称、数量（包括物品的型号、牌号、规格、新旧程度、货币的种类、面额等）及物品丢失的经过。

在询问失主情况时，要帮助失主尽量回忆来店前后的情况，如来店前有无察看、来店后有无使用过、有无放错地方等。在征得失主同意后，帮助查找物品，要征求客人意见（尤其是外国客人）是否向公安机关报案。如果客人同意报案需由客人在记录上签字或要求客人写一份详细的丢失经过。

如果客人的财物确属被窃或被骗，应立即向总经理汇报，并由安全人员保护现场，经总经理同意后向公安部门报告。如失主是境外客人，应向当地公安机关外管部门报告。如失主属国内客人，应向当地公安派出所或公安分局报告。

如客人的物品明显属于在饭店内遗失，当班的安全人员要同客房部拾物登记处、前厅问询处及大堂副理处联系查找，并派人员在店内寻找。如果客人丢失的是护照、回乡证、回港证等身份证件，应与当地公安机关外管部门联系，并让失主前去报案。如果客人丢失的是信用卡、旅行支票等有价单据，要及时同有关银行取得联系并控制各外汇兑换点。

客人的报失被确定为案件后，保安部应配合公安部门立案侦破，把情况和处理结果详细记录留存。

如果客人的财物是在饭店范围以外被窃、丢失或被骗，可以要求失主亲自去公安部门报案。

5. 停电事故的处理

停电事故可能是外部供电系统引起的，也可能是饭店内部供电设备发生故障引起的。停电事故随时都可能发生，其可能性高于自然灾害和火灾。因此，对于饭店来说，应配备紧急供电装置，该装置能在停电后立即自动启动供电，这是应付停电事故最理想的办法。在没有这种装置的饭店内，应配置足够的应急灯。饭店平时应设计一项周全的安全计划来应付停电事故，其内容如下：

1）保证所有的员工平静地留守在各自的工作岗位上。

2）向客人及员工说明这是停电事故，饭店正在采取紧急措施排除故障，恢复电力供应，以免客人惊慌失措。

3）如在夜间，用应急灯等电器照明公共场所，帮助滞留在走廊及电梯中的客人转移到安全地方。

4）派遣维修人员找出停电原因。如果是外部原因，应立即与供电单位联系，弄清停电原因、时间等；如果是内部原因，则应组织力量抢修，尽快排除故障。

5）在停电期间，安全人员须加强巡逻，派遣保卫人员保护有现金及贵重物品的要害部位，防止有人趁机行为不轨。

6）供电后检查各电器设备是否正常运行，其他设备有没有被破坏。

7）做好工作记录。

知识链接

常用手提式化学灭火器材的使用

常用手提式化学灭火器材的适用范围和使用方法如表7-1所示。

表7-1 常用手提式化学灭火器材的适用范围和使用方法

名称	适用范围	使用方法
酸碱灭火器	适用于一般固体物质的火灾，但不可用来扑救油类及带电的电器设备火灾	使用手提式酸碱灭火器时，要把筒身颠倒过来，上下摇晃几下，使筒内的酸、碱充分混合起化学反应，筒内液体即喷出
泡沫灭火器	适用于油类火灾、一般固体物质火灾和可燃液体火灾。不适用于带电的电器设备火灾	扑救油类及可燃液体火灾时，不要用泡沫直接喷入燃烧着的液体，而是要用泡沫轻轻覆盖到火焰上
二氧化碳灭火器	是一种适应性广的灭火器，对于贵重仪器、设备、物品和档案资料等火灾更适宜。但不适宜钾、钠、镁、铝等金属火灾	把二氧化碳灭火器的喇叭式喷嘴靠近燃烧物，先喷旁边再喷中间。对装有阀门的灭火器，应先去掉铅封再打开阀门，装有手柄式阀门的要拔去保险栓再压手柄
干粉灭火器	适用于扑救石油及其产品、可燃气体和电器设备及一般固体物质的火灾	应在火场的上风处，将灭火器喷嘴对准着火处，拔去保险栓，按下手柄，瓶内压缩气体立即将干粉喷向目标
卤代烷（1211、1202、1301、2402等）灭火器	适用面广，特别适用于精密仪器、电器设备、档案资料火灾的灭火	在火场的上风处接近着火点，打开阀门，对准火焰根部频频扫射，要注意死角以免复燃

课后小结

安全工作是饭店一切工作顺利进行的保障。饭店的安全管理包括三个方面的基本要求，即保障饭店客人安全、保障饭店员工安全和保障饭店的财产安全。饭店的安全管理涉及面广，内容广泛，必须在认识饭店安全管理的意义及特点的基础上，重视饭店所有员工的安全意识和安全技能培训，建立健全饭店的安全组织，完善安全制度，坚持饭店安全管理的基本原则，重点抓好消防工作、治安工作、卫生防疫工作和员工的劳动保护工作，才能做好饭店安全管理工作。当然，饭店的安全设施设备也是做好饭店安全管理的物质保证，饭店应尽可能配备先进的安全设备和器材。对突发事故和紧急事件的处理能力可以检验饭店安全管理的水平，因此，在饭店的安全管理中必须随时做好处理突发事故和紧急事件的准备，以确保饭店经营活动的正常进行。

思考与练习

1. 饭店安全和饭店安全管理的概念分别是什么？
2. 饭店安全管理的基本要求有哪些？
3. 简述饭店消防管理的主要内容。
4. 饭店安全管理的任务包括哪些内容？
5. 如何正确处理饭店发生的停电事故？

第 8 章 饭店财务管理

【案例导入】

消费者李先生请朋友在一家饭店吃饭，消费金额为 1000 多元。在买单时，李先生用卡付账。李先生输入密码后收银员说密码有误，操作不成功，随后李先生又划一次卡。回到家后，李先生越想越觉得不对头，第二天上午他通过查询发现，收银员在划卡时多划了一次，实际收钱为 2000 多元。李先生为此很气愤，他找到该饭店讨说法。该饭店经过核实后，承认多划了一次卡。面对李先生退还多收的消费金额的要求，饭店表示没问题。但饭店财务部的会计表示钱已经入账，要等到下个月才能把钱返还给李先生，李先生只好回家等，一直过了 20 多天饭店才把多收的钱还给了李先生。

[**分析**]"饭店的做法肯定是不对的。"工商局有关人士指出，饭店发现自己的错误后，必须及时把多收的钱返还给消费者，钱是否已经入账，那是饭店内部的事，不能以此为理由拖延还钱时间。据介绍，不排除有些收银员在划卡结账时，趁顾客不注意多划卡多收钱，然后将多划出来的钱占为己有。工商局提醒消费者，刷卡消费，消费者不要马虎大意。如果有疑问，应立即向银联公司查询交易情况，及时维护自己的合法权益。

就上述问题，银联公司提醒顾客有疑问应及时查询。同时提醒顾客一般情况下，如果刷卡成功，刷卡机就会打印出交易单据来。消费者如果怀疑被多划卡了，可以拨打银联公司的咨询电话查询，银联公司经过核实后就会把多收的金额打到消费者的银联卡上。

【学习目标】

1. 了解饭店财务管理的基本概念、特点和职能。
2. 了解饭店财务管理的目标。
3. 熟悉饭店财务管理机构。
4. 熟悉饭店财务管理的内容。
5. 熟悉饭店财务管理的方法。
6. 掌握饭店财务管理各部门主要岗位的工作程序。

【学习重点】

1. 饭店财务管理的内容。
2. 饭店财务管理各部门主要岗位的工作程序。

【学习难点】

1. 饭店财务管理的内容和方法。
2. 饭店财务管理各部门主要岗位的工作程序。

随着饭店业竞争的日益激烈，饭店由最初的高利润进入现在的微利时期。如何提高饭店财务管理水平、最大限度提高饭店经济效益，已经成为饭店业面临的新的课题。这就要求饭店每一个从业人员都应懂得财务知识，用财务的头脑和知识进行服务管理，这样才能提高饭店的管理水平。

8.1 饭店财务管理概述

8.1.1 饭店财务管理的概念

饭店财务管理是指饭店利用货币形式，根据国家政策法规和资金运动规律，组织财务活动和处理财务关系所进行的一种全面管理活动。简言之，饭店财务管理就是饭店如何筹集资金和合理地分配、使用资金，即如何以尽可能少的资金获得较大的经济效益。

饭店财务管理是饭店企业管理的一个重要组成部分。随着经济的不断发展，财务管理在饭店企业中的地位和作用也越来越重要，有时甚至是饭店生存和发展的关键。

饭店的财务活动是饭店组织生产经营活动的必要条件。在饭店的生产经营活动中，它必须以各种方式，通过不同的渠道，以最低的价格，筹集一定的资金、合理地使用资金，使资金的使用效果达到最大。

饭店的财务关系表现为饭店与国家、饭店与其他企业、饭店与债权债务人、饭店与员工等之间发生的财务关系。饭店必须严格执行国家的法律法规，认真处理各种关系，才能使饭店的全面管理活动顺利进行。

8.1.2 饭店财务管理的特点

由于饭店是一个综合性的服务企业，它所提供的商品与其他企业生产的商品不同，因而饭店财务管理又有其自身的特点，这就要求在组织饭店财务管理工作时，要根据饭店业的特点来进行。饭店财务管理的特点主要有以下几个方面。

1. 会计核算的复杂性

由于饭店业有着与一般企业不同的经营特点，其资金的筹集、使用和分配也与一般企业不同。因此，在会计核算时，就需要根据饭店经营业务的特点，采用不同的核算方法。例如，客房部是以出租客房为特殊形式的商品，其价值是通过客房零星分散的出租来得到补偿的，所以，客房部只要求核算销售过程。餐饮部的经营过程一方面是对食品、饮料的烹调、配制加工，另一方面是直接将生产加工的食品销售给客人，即生产加工、销售几乎同时进行，因此，要求核算供应、生产和销售三个过程。而商品部的生产经营活动主要是向生产单位购进产品，再以零售价格出售给客人，只有商品流通过程，因此，只要求核算购进和销售两个过程。在会计核算上，饭店会计集合了工业企业会计、商品流通企业会计的核算方法，较为复杂。因此，应根据饭店资金运动的特点，及时筹集、合理使用和正确分配资金，充分利用经济资源组织正常经营与服务，节约各项费用，提高饭店经济效益和社会效益。

2. 商品销售的时间性

饭店经营活动中，生产和消费的同一性规律决定了饭店商品具有不可贮存性。饭店是通过服务或劳务直接满足客人需要的，因此，只有当客人购买它并在饭店消费时，饭店设施与服务的结合才表现为商品。例如，饭店商品中，客房商品与别的商品不同，客房产品不能贮存，有着极其强烈的时间性，并且客人购买客房产品时，只能在限定的时间内进行消费，重复消费必须重新购买。因此，商品销售的时间性要求饭店财务部门要从资金方面积极支持营销部门，大力开展宣传促销及推销活动，以吸引客人住宿，努力扩大客房销售，增加销售收入。

3. 对客人结算的及时性

饭店接待的客人住宿时间不固定，随时有人住店和离店。为了方便客人，应简便快捷地进行结账。因此，饭店财会部门的对客结算、外币兑换工作必须昼夜有人值班，从客人进店办理住宿登记手续开始，一连串的交易行为如用餐、电话、洗衣等所发生的费用要立即记入客人的账户，一切账务都必须在客人离店以前迅速完成且准确无误，不论客人何时离店，都能立即办理结账工作，防止出现错账、漏账、逃账。财务部夜间必须有夜审值班，结算当日账目，编制当日的营业报告，以便饭店管理人员了解饭店当日的经营情况。

4. 投资效益的风险性

饭店是一个资金占用密集型企业，其固定资产及基本设施的投资一般要占全部资金的80%～85%，一些新建的饭店，这个比例有时甚至达到90%以上。饭店巨额的固定资产投资需要在建成开业之后，经过长期的经营活动才能逐渐收回。例如，客人在一家饭店住三天，他购买的是这间客房三天的占用权和饭店其他公共设施的使用权。由于饭店建在某地后就不能迁走，因而饭店的设施、设备和所在地点是招徕客人的重要条件。由于饭店商品的不可转移性，同一饭店地处繁华市区与偏僻小巷，其营业状况是迥然不同的。同时，饭店装修的风格也是吸引客人的重要条件之一。所以说，饭店投资的风险性较大。

5. 更新改造的紧迫性

饭店的建筑物及其附属设施设备既是固定资产，又是出租商品。正由于饭店的资产设备具有商品的特性，饭店设施设备新颖与否，对营业影响很大。因此，为适应饭店经营业务发展变化的需要，对各项设施设备需要经常进行装修、改造和更新，以保持饭店的全新状况，保证客人在任何时候购买的都是新的商品。饭店财务管理人员要研究各种资产设备使用的经济寿命周期，寻求最佳的更新改造时机和维修保养方法，以取得较好的经济效果。

8.1.3 饭店财务管理的职能

饭店财务管理的职能是指在饭店财务管理的经济活动中所具有的职责与功能。饭店管理的复杂性决定了饭店财务管理的职能是：核算饭店经济活动、提供经济信息；监督控制饭店的经济活动过程；参与饭店的经营决策。

饭店财务管理部门的具体职能包括：

1）组织会计核算，准确及时地报送会计报表，提供会计信息。

2）在总经理的领导下，组织各部门编制饭店计划和财务收支预算，并分段编制现金流量计划。

3）监督饭店计划的执行情况。一方面按计划控制饭店的支出，另一方面按经营实际检查计划的执行情况。

4）精心调度资金，积极组织收入或筹措资金，保证饭店正常经营和还本付息的资金需要。

5）积极参与饭店的财务分析，准备准确的财务资料，并对从财务中反映出的饭店经营管理中出现的问题提出改进意见和建议。

6）为饭店的建设、扩建、改造提供可行性研究，并对以上行为做出财务评价，预测其可能达到的经济效益。

7）保管会计档案，确保会计档案的齐备安全，并按照法规组织销毁有关会计档案。

8.2 饭店财务管理的组织和目标

8.2.1 饭店财务管理的组织

要做好饭店财务管理，必须合理有效地组织财务管理工作。为了正确组织饭店的财务管理工作，提高饭店的管理水平，饭店应设置财务管理的专职机构。饭店财务管理组织机构的设置要考虑饭店的规模、特点等因素，财务管理的组织机构内部分工要明确，责任和职能范围要清楚，这样才能提高饭店的财务管理效率。

饭店财务工作的主要负责人是财务总监或财务副总经理，他直接向总经理负责。在财务总监之下，设有财务部经理和会计部经理。财务部经理负责资金的筹集、使用、分配，会计部经理负责会计和税务方面的工作。二者紧密配合，不可或缺。因此，大多数饭店把二者合并在一起，设置一个财务会计机构来统一进行财务会计工作。

饭店财务会计机构一般分为以下几个部分：①收银部；②总出纳；③稽核部；④信贷收账部；⑤成本部；⑥计薪部；⑦应付账款部；⑧总账部；⑨计算机部。

上述九个部分，虽然在各饭店中具体设置和划分不尽相同，但都是财务管理部门不可缺少的组成部分。一些大、中型饭店为了更有效地组织和控制饭店的财务管理工作，将饭店财务管理组织分成两大部分：财务部和会计部。具体来说，财务部负责收银部、总出纳、信贷收账部的管理；会计部负责稽核部、成本部、计薪部、应付账款部、总账部、计算机部的管理。其组织关系如图 8-1 所示。

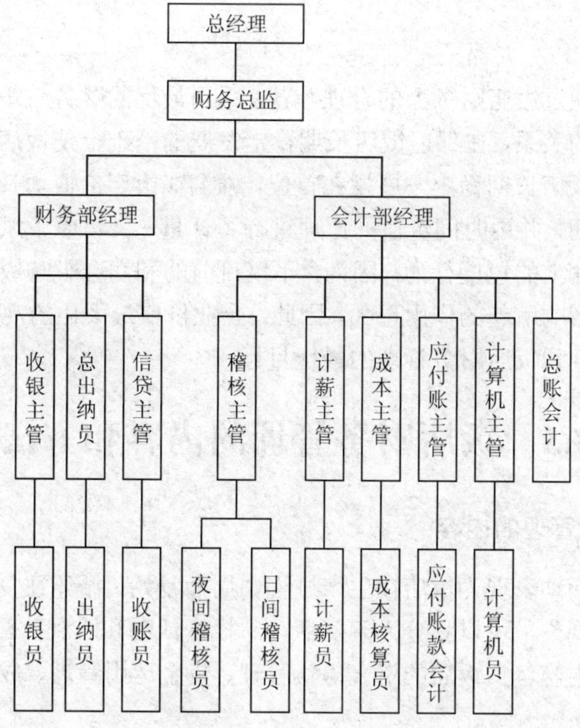

图 8-1 饭店财务会计机构的组织关系

8.2.2 饭店财务管理的目标

饭店财务管理目标是指在饭店这一特定的财务管理环境中，通过组织饭店财务管理活动，处理饭店财务关系所要达到的根本目的。

饭店财务管理目标主要有以下几种观点：利润最大化、股东财富最大化、价值最大化。

1. 利润最大化

以利润最大化作为饭店财务管理的目标，主要是指通过对饭店财务活动的管理，不断增加利润，使利润达到最大。饭店要想取得利润最大化，就必须讲求经济核算，加强管理，改进技术，提高劳动生产率，降低产品成本。但是利润最大化没有考虑利润发生的时间，没有考虑资金的时间价值，没有有效地考虑风险问题，这可能会使财务人员不顾风险的大小去追求最多的利润。利润最大化往往会使企业财务决策带有短期行为的倾向，即只顾实现目前的最大利润，而不顾企业的长远发展。应该看到，利润最大化的提法，只是对经济效益浅层次的认识，存在一定的片面性。所以，利润最大化并不是饭店财务管理的最优目标。

2. 股东财富最大化

股东财富最大化是指通过财务上的合理经营，为股东带来最多的财富。在股份制经济条件下，股东财富由其所拥有的股票数量和股票市场价格两个方面所决定。在股票数量一定时，当股票价格达到最高时，则股东财富也达到最大。财务管理目标应与饭店多个利益相关者有关，从饭店长远发展来看，不能只强调股东的利益，而置其他利益相关者的利益于不顾。因此，股东财富最大化也不是饭店财务管理的最优目标。

3. 价值最大化

价值最大化是指通过饭店财务上的合理经营，采用最优的财务政策，充分考虑资金的时间价值和风险与报酬的关系，在保证饭店长期稳定发展的基础上使饭店总价值达到最大。价值最大化的思想是将饭店长期稳定发展摆在首位，强调在饭店价值增长中满足各方利益，既考虑了取得报酬的时间，并用时间价值的原理进行了计量，又考虑了风险与报酬的联系，还克服了饭店在追求利润上的短期行为，因为，不仅目前的利润会影响饭店的价值，预期未来的利润对饭店价值的影响所起的作用更大。因此，企业价值最大化的观点体现了对经济效益的深层次认识，它是现代饭店财务管理的最优目标。

8.3 饭店财务管理的内容和方法

8.3.1 饭店财务管理的内容

饭店的财务管理活动表现为饭店在生产过程中周而复始、循环往复的资金运动。饭店资金运动从经济内容上观察，可以划分为筹资活动、投资活动和股利分配活动等环节。因此，饭店财务管理的基本内容包括饭店的资金筹集管理、资金运用管理、成本费用管理、分配股利管理等。

1. 资金筹集管理

饭店为了保证正常的经营或扩大经营的需要，必须要有一定数量的资金。饭店资金的筹集是饭店经营活动的基本保证，是饭店主要的财务活动之一，在饭店财务管理活动中占有重要的地位。饭店资金的筹集活动一般分为短期资金的筹集和长期资金的筹集两种。饭店在资金的筹集过程中，要考虑以下几个问题。

1）要预测饭店资金的需要量，估计筹资的额度。

2）要考虑筹资渠道，合理筹集和节约使用资金。

3）要考虑筹资方式，使筹集的资金符合实际需要。

4）要确定资金成本和资金风险，使企业获得最佳收益。

5）要保持一定的举债余地和偿债能力，为饭店的稳定和发展创造条件。

2. 资金运用管理

饭店筹集的资金要尽快用于经营，以便取得利润。饭店的每一个部门都涉及资金的运用，如何很好地运用资金，在风险与报酬之间达到均衡，不断提高饭店的价值，是饭店财务管理的一项重要内容。

饭店资金一般运用于两大方面：一方面是进行投资，另一方面是投入饭店的生产经营活动中。投资包括固定资产投资、证券投资、对其他企业的直接投资等。投资时要求建立严密的投资管理程序，要求论证投资的可行性和合理性。在收益和风险同时存在的条件下，力求做好预测和决策，以减少风险，提高收益。投入饭店生产经营活动中的资金又称为营运资金，营运资金在饭店资金中占很大比例，其特点是周转快、容易变现。对营运资金的管理是饭店资金管理的重点，饭店对营运资金的管理必须遵循以下原则。

1）既要根据生产经营的需要保证资金的供给，又要挖掘资金潜力，节约使用资金。

2）要加速资金的周转，提高资金的使用效果。

3）要合理配置资金，妥善安排流动资产和流动负债的比例关系。既要防止流动资产的闲置，又要保证有足够的偿债能力。

3. 成本费用管理

饭店成本费用管理是饭店财务管理的重要组成部分，也是反映饭店工作质量的综合指标，它直接影响饭店的利润水平。如何加强成本费用管理，严格控制成本费用对饭店财务管理起到很大的作用。

饭店的成本主要指餐饮部的食品原材料成本、商场部的商品进价成本等。费用分营业费用、管理费用、财务费用三部分。饭店成本费用管理应做以下规定。

1）成本和费用实行计划管理和定额管理，严格执行领用、发放制度，严把进货关、质量关、价格关，挖潜节流，在降低成本和费用上下功夫，提高经济效益和管理水平。

2）划清各部门费用界限，划清本期和下期界限，不得随意预提和待摊。

3）采取分期归口的方法管理成本和费用。应计划落实到各部门，按月考核其执行情况，分析其升降原因，及时采取措施，努力降低成本、费用。

4. 分配股利管理

分配股利管理主要是确定饭店当年实现的税后净利润在股东股利和饭店留存收益之间

的分配比例，即制定饭店的股利分配政策。饭店财务管理部门应根据饭店的实际情况，以增加饭店价值为出发点，制定合理的股利分配政策。饭店制定股利分配政策时要注意以下几个方面。

1）分析饭店的盈利情况，协调饭店近期利益和长远发展的关系。

2）确定股利政策和股利支付方式，使利润分配有利于增强饭店的发展能力。

3）进一步筹集股利资金运用到饭店的生产经营活动中。

8.3.2　饭店财务管理的方法

在财务管理工作中，为了能正确组织各种复杂的财务活动，妥善处理各种财务关系，实现财务管理目标，必须采取一系列科学的财务管理方法。饭店财务管理方法是按照饭店管理的基本要求，依据饭店资金运动的规律性和财务管理原则来加以确定的。因此，不同财务活动由于具体的规律性与管理原则不同，采用的具体管理方法也有一定区别。但是，饭店管理的一般要求、饭店资金运动的一般规律与财务管理的一般原则相结合，构成了饭店财务管理的方法体系。

饭店财务管理的方法的主要内容如下：

1. 财务预测

财务预测是根据财务活动的历史资料，考虑现实的要求和条件，对企业未来财务活动和财务成果做出科学的预计和测算。其工作程序为明确预测对象和目的→搜集整理资料→确定预测方法→确定最佳方案。

2. 制定财务决策

饭店财务决策的主要内容包括筹资决策、投资决策、成本费用控制决策及收益分配决策等。制定饭店财务决策应首先选择决策目标。科学的决策目标要符合四个要求：针对性、具体明确性、全面系统性、可行性。其次选择措施方案。科学方案决策的做出要符合以下要求：一是方案执行结果应能对症下药地实现所定的决策目标；二是实现目标所付出的代价最小，而且方案实施后所产生的副作用要尽可能地小。

3. 编制财务预算

在财务预测的基础上编制财务预算，是财务管理的重要方法之一。财务预算一般包括销售预算、成本费用预算、利润预算、现金预算、预计资产负债表等。

编制财务预算一般包括四个步骤：一是进行财务预测；二是编制部门预算草案；三是在各部门的预算指标基础上编制饭店财务预算，财务部门对各部门的各项指标进行核对和研究，本着综合平衡的原则编制饭店财务预算草案；四是由总经理召开预算会议，由财务总监宣布财务预算草案的各项指标，经过充分讨论修订后，可订出正式预算并下达给各部门。

4. 组织财务控制

财务控制是以财务预算指标和各项定额为依据，对资金的收入、支出、占用、耗费等进行计算和审核，找出差异，采取措施，以保证预算指标实现的一系列活动。

5. 开展财务分析

财务分析是以会计核算资料为主要依据，对饭店财务活动的过程和结果进行分析对比，对预算完成情况及财务状况做出评价，提出改进措施。通过财务分析，一方面可以掌握财务预算的完成情况，发现影响财务成果实现的因素及影响程度；另一方面可以总结经验，发现问题，为下一轮财务预算工作的改善提供依据。

6. 实行财务审计

财务审计以核算资料为主要依据，对饭店经济活动和财务收支的合理性、合法性、有效性进行审计。这是实现财务监督的主要手段之一。

8.4　饭店财务管理各部门主要岗位的工作程序

8.4.1　餐厅收银工作程序

餐厅收银工作是记录餐饮营业收入的第一步，也是财务管理的重要环节之一。它要求每一名收银员熟练地掌握自己的工作内容及工作程序，并运用于工作中，真正地起到监督、把关的职能作用，为下一步的财务核算奠定良好的基础。其工作内容主要包括：

1. 班前准备工作

1）餐厅收银员依照排班表的班次于上岗前需签到，由餐厅收银领班监督执行，并编排报表。

2）收银员与领班或主管一起清点周转金，无误后在登记簿上签收，班次之间必须办理周转金交接手续，并在餐厅收银员周转金交接登记簿上签字。

3）领取该班次所需使用的账单及收据，检查账单及收据是否顺号，如有缺号、短联应立即退回。下班时将未使用的账单及收据办理退回手续，并在账单领用登记簿上签字，餐厅账单由主管管理，并由主管监督执行。

4）检查计算机系统的日期、时间是否正确。如有日期不对或时间不准的，应及时通知领班进行调整，并检查色带、纸带是否足够。

5）查阅餐厅收银员交接记事本，了解上班遗留问题，以便及时处理。

2. 正常操作工作程序

1）当服务员把点菜单交到收银台时，收银员应首先检查点菜单上人数、台号是否记录齐全，如记录不全则退回服务员。

2）当点菜单人数、台号记录齐全后，开始正式输入菜单，首先将客人账单号码输入计算机内，收银机将自动编制该账单号，待客人结账时使用；然后将客人人数、台号及客人所点的食品、饮料内容及数量依照计算机菜单键输入。输入完毕后即可等待客人结账。

3. 结账工作流程

1）餐厅结账单一式两联：第一联为财务联，第二联为客人联。

2）客人要求结账时，收银员根据餐厅服务人员报结的台号打印出暂结单，餐厅服务人员应先将账单核对后签上姓名，然后凭账单与客人结账。如果餐厅服务人员没签名，收银员应提醒其签名。

3）客人结账现付的，餐厅服务人员应将两联账单拿回交收银员总结后，将第二联结账单交回客人，第一联结账单则留存收银员。

4）客人结账是挂账的，则由餐厅服务人员将客人挂账凭据交收银员办理挂账手续后，两联账单都交收银员处理。

5）结账时客人出示优惠卡（或者餐厅管理人员给予客人打折）要求打折的，餐厅服务人员应将优惠卡（或者管理人员签名）和两联账单交收银员按程序办理打折。如果餐厅服务人员只将一联账单交收银员，收银员可以不给予办理。

6）作废或修改账单时应由相关人员说明作废或调整原因，并签上姓名，由餐厅管理人员证实后，将修改单和作废单（两联）交收银员送财务部审计审核。

7）由于种种原因，客人需要滞后结账的，须先请餐厅管理人员认可担保，然后将其转入财务部应收账款。

8）饭店总经理、副总经理招待客人或销售部人员，经领导批准招待客户时须使用内部账单，账单请领导签字后转入财务部审计审核。

9）收银员在本班次营业结束后，应做单班结账；在本日营业工作结束后，应做总班结账。仔细核对当日的用餐情况及收入情况，并填写“××餐厅核对表”。

4. 现金、支票、信用卡的收款程序

（1）现金

1）收现金时应注意辨别真伪和币面是否完整无损。

2）除人民币外，其他币别的硬币不接收。

（2）支票

收取支票应检查是否有开户行账号和名称，印鉴是否完整清晰。一般印鉴是一个公章两个私章以上。如有欠缺，应先问交票人是否印鉴相符，并在背书留下联系人姓名和联系电话。饭店一般不接受私人支票，如由饭店经理以上人员担保接受支票的，该支票出现问题由担保人承担一切责任。

（3）信用卡

1）收受信用卡时，应先检查卡的有效期和是否为接受使用范围内的信用卡，查核该卡是否已被列入止付名单内（刷错信用卡单、过期、止付期及非接受范围内的信用卡一律拒收）。

2）客人结算时，将消费金额填入签购单消费栏，请持卡人签名。认真核对卡号，有效期和签名应与信用卡一致，正确无误后撕下持卡人存根联随同账单交客人。

3）持卡人如没有入住本饭店或先离店，代他人付款的须请持卡人在签购单上先签名，填写付款确认书，收银员应认真核对卡号和签名，按预住天数预计金额授权，取得授权后，在签购单边缘注明“已核”字样签上经办员姓名，写上授权金额和授权号码。

4）信用卡超过限额的，一律要致电银行信用卡授权中心或通过 EDC 取得授权，如实际消费超过授权金额应再补授权。一笔消费只能用一个授权码，多个授权码应分单套购，方可接受使用。

5）签购金额如超过授权金额的 10%以内，原授权码仍可使用，无须再授权。

5. 下班时现金及客账单交接程序

（1）现金交接程序

餐厅收银员编制报告完毕后，将所收的现金数额分别填写在现金袋上，然后将现金装入袋内。要求内装现金与现金袋上记录的金额一致，并在现金收入交收记录簿上签字，办理现金交接手续。在收银员的监督下将现金袋放入保险柜中，当收银员下班时，由接收人一一清点现金口袋及核对现金袋上的金额与现金交收记录簿金额是否一致，无误后在转交人姓名栏内签名。各班次依次类推，手续不变，直到第二天总出纳清点为止。

（2）客账单交接程序

客账单交接程序分为两类：一类是已使用的，将已使用过的客账单按顺序号排好，用客账单分配表包捆好，放到指定位置，供夜间核数员审核用；另一类是未使用过的，要检查一下与已使用过的客账单最后一张是否连号，无误后，办理退还手续。在餐厅收银客账单领用登记簿的退回处签字。如下班次继续使用，则在领用栏内签字办理交接手续，当天工作结束时，应将未使用的客账单退回主管处，并办理退回签字手续。

8.4.2　前厅收银工作程序

前厅收银服务工作直接体现饭店的服务水平，因此，要求每一名收银员熟练地掌握自己的工作内容及工作程序，做到结账工作忙而不乱，资金收回准确无误，及时与营业部门沟通，掌握第一手资料。其主要的工作内容包括:

1. 班前准备工作

1）前厅收银员准时到岗签到，由前厅收银员领班监督执行，并编报考勤表。

2）清点上一班转来的周转金，各种资料齐全后，在登记簿上签字办理转交手续。

3）领用前厅收据，检查顺序号，如有缺号、短页应立即退回；下班时，未使用的收据应办理退回或转交手续。

4）阅读主管留言记事本，注意主管提出的问题，在该班工作中加以纠正。

2. 现金、信用卡、支票的收受程序

（1）现金

1）收现金时，应注意辨别真假、币面是否完整无损。外币应确认币别，按当天汇率折算，缺角和被涂划明显的外币拒收（马来西亚林吉特、新加坡元不能有裂痕，日元、美元不能有缺角）；除人民币外，其他币别硬币不接受。

2）除兑换台币须致电中行计划科查询汇率外，其他只接受汇率表范围内的外币。

（2）信用卡

1）收受信用卡时，应先检查卡的有效期和是否为在接受使用范围内的信用卡，查核该卡是否已被列入止付名单内（刷错信用卡单、过期、止付期及非接受范围内的信用卡一律拒收）。

2）客人结算时，将消费金额填入签购单消费栏，请持卡人签名，认真核对卡号、有效期，签名应与信用卡一致。正确无误后，撕下持卡人存根联，随同账单交客人。

3）代他人付款，而持卡人没有入住本饭店或先离店，须请持卡人在签购单上先签名，填写付款确认书。收银员应认真核对卡号和签名，按预住天数预计金额授权，取得授权后，在签购单边缘注明“已核”字样签上经办员姓名，写上授权金额和授权号码。

4）信用卡超过限额的，一律要致电银行信用卡授权中心或通过 EDC 取得授权，如实际消费超过授权金额应再补授权。一笔消费只能用一个授权码，多个授权码应分单套购，方可接受使用。

5）签购金额如超过授权金额 10%以内，原授权码仍可使用，无须再授权。

（3）支票

1）收银员当班接收客人使用的支票时，应用大写在支票上填写使用的年、月、日（如果当日不解缴银行的可填为次日的日期），填写“××饭店”的收银人名称，其他项目均按规定填入（避免遗失被盗用）。

2）填写支票一律用黑色钢笔墨水填写（不得用其他颜色水笔或圆珠笔）。

3）小写金额前一位必须写上币号“¥”，以防涂改。

4）汉字大写金额数字一律用正楷字或行书字书写，不得任意自造简化字。大写金额数字到元或角为止，在“元”或“角”字之后应写“整”或“正”字；大写金额数字有分的，分字后面不写“整”字，大小写金额不得涂改，印鉴不可重复，一经涂改，该支票即刻作废；如因收银员填错支票的，一律由收银员负责催换支票，直至收到款为止。

5）收取支票时，应检查是否有开户行账号和名称，印鉴是否完整清晰，一般印鉴是一个公章两个私章以上。如有欠缺，应先问交票人是否印鉴相符，并留下联系人姓名和联系电话；饭店一般不接受私人支票，如由饭店经理以上人员担保接受的支票，该支票出现问题时，由担保人承担一切责任。

3. 下班前现金及未使用收据交接程序

前厅收银员结账工作完毕后，将所收的现金在现金袋上分别填写，然后将现金装入袋内。要求内装现金与现金袋上记录金额一致，并在现金收入交接记录簿上签字，办理现金交接手续，并在接班人的监督下将现金袋放入保险柜中；当交班人下班时，由接班人一一清点现金口袋，核对现金袋上的金额与现金交收记录簿金额是否一致，无误后在转交人姓名栏内签字。A、B、C 班依次类推，手续不变，直到第二天总出纳清点前为止。

4. 客房订金处理程序

饭店对于已签合同的长住户，根据合同的具体内容，预收半年至一年的房租订金，作为抵销长住户的房租费用。根据权责发生制的会计核算原则，将已收客房订金分期体现在客房账上。当饭店财务部收到一笔订金时，前厅收银也相应地做一笔增加；当客人入住时，以月为核算期，按照房租金额将预付订金转入客房账上，由此房租费用与订金相互抵销，使房租客账单为零。

5. 外币兑换工作程序

（1）兑换周转金出入库程序

根据饭店与银行签订代兑换外币业务协议内容规定，银行地区分行向饭店提供一定数量的兑换周转金，由兑换领班专人管理，单设保险柜，并建立严格出入库手续，确保外币兑换工作的顺利进行。外币兑换周转金通常每天入库一次，出库两次。每笔金额出入库都要做到签字手续齐全、准确无误。

（2）兑换前准备工作程序

1）收银员每天早上要按时收听并录音中国银行公布的外汇牌价，及时更改当天的外汇牌价表。

2）领用当天所使用的兑换水单，检查是否连号，是否有短号现象，并办理领用手续。

3）领用并配备大小面值的兑换周转金，办理出库手续。

（3）外币兑换及承付现金程序

1）问候：先生/小姐/女士，您好！请问您换钱吗？

2）当客人兑换时，首先请客人出示护照或其他证件，方可填写水单。

3）经办人接到客人填好的水单时，应注意检查客人的国籍、姓名、护照号码、房间号码、兑换外币金额等内容是否填写齐全，判断识别真假外币。凡是旅行支票，都要检查支票及水单签字与支票背书是否一致。检查后，由经办人根据中国银行卖价或现钞价，核算成人民币转交复核员，经复核员再次审核无误后，即可承付现金交经办人。经办人接收现金后，复核承付现金是否正确，无误后连同水单一起呈交客人。

4）问候：先生/小姐/女士，请您查收，欢迎您下次再来。

（4）外币兑换营业日报表的编制程序

当一笔兑换业务完毕时，由复核员将水单号码、兑换外币种类及金额分别填写在兑换营业日报上，编表要求如下：

1）按照水单顺序号码一一填写。

2）外币现金、支票分别填写。

3）每笔现金、支票金额分别以现钞价或卖价兑换成等同于人民币金额。

（5）兑换员下班前，外币及周转金交接程序

1）外币交接程序。兑换营业日报表编制完毕后，兑换员应将外币日报表包捆好并装入现金袋内封好，并在口袋封口处签上自己的名字，放在指定保险箱内，待第二天领班查处、清点、汇总。

2）兑换周转金的交接程序。当A班下班后将兑换周转金余额清点好转交给B班兑换员，并办理交接签字手续。当B班工作结束时，将兑换周转金余额清点好装入现金袋内，袋内现金应与现金袋上记录及兑换营业日报表周转金余额一致，与外币现金袋一同放到指定保险箱内。

前厅账务处理中应注意的环节

1）接待员每日应在中班12:00、晚上18:00、夜间23:30之前核准系统中房态，并由领班抽查。

2）早班接待员每日12:30左右打印当日“应离未离客人表”，及时催客人办理续住手续。对拖欠款项要加强催收，对无法收到的账务要及时汇报。

3）夜班接待员续核查当日入住客人登记信息，如姓名、进离店日期、房价、账务是否超限等。

4）结账时以系统为准，对需冲减的费用要报财务总监书面同意后方可冲减。

8.4.3 收入审计工作程序

收入审计工作是在收银夜审的工作基础上，再次进行审核、分类、汇总，最终反映到财务账户中。它要求收入核数员掌握餐厅收银、前厅收银的工作内容及工作程序，以正确的方法考核营业收入情况，并将应收款及时收回，使资金得到正常使用。其工作内容主要包括：

1. 夜审班前准备

班前必须了解日审工作有关交班事宜，检查打印机和计算机是否正常，从审箱中将各营业点的缴款凭证和账单分类。其主要有以下三部分。

1）前台客房结账单及收银日报表。

2）餐厅缴款凭证及账单。

3）其他部门缴款凭证及附件单。

2. 夜审工作流程

1）查看收银员的缴款凭证，同计算机报表核对。审计员要查看缴款凭证的各类明细填写同计算机报表是否一致，如果数据有修改，收银员应说明原因。若没有收银机的缴款凭证，要统计附件单的数据与收银员填写的缴款凭证是否相符。

2）打印“今日入住客人报告”。根据入住报告，审核今日入住的每一间房的房价输入与开房单上的价格是否一致，折扣房手续是否完整。如有错误应立即通知接待员调整，并将情况写入夜审报告交日审处理。

3）打印“今日非平账离店报表”，审核非平账离店的原因，确认责任人。

4）打印“今日调整账目表”，审核调整账目的原因，调整账目单需负责人签字。

5）查询各收费点转账是否正确。将每一笔转账（未结账部分）账单上的客人签名同开房单上客人的签名及计算机记录进行核对，查看是否相同、是否转错房间。如果是签名不同，要提醒收银员结账时注意；如果是转错房间，则要立刻调整。

6）打印“今日离店客人报告”（交日审查半天房费用）。

7）夜审审计资料维护。将当日数据复制到“C”盘或“D”盘，为夜审顺利进行做好准备。

8）进入夜审数据统计。营业组审核（打印“营业点总班结账表”），完成预审报告，完成自动过费，审核账务报告两遍，终审。

9）数据整理。

10）出具夜审报表。

① 编制“××饭店营业日报表”。

② 编制“今日非平账离店报表”、“今日调整报表”各一份。

③ 填写“夜间审计报告表”。将夜审过程中发生的每件事记录下来，需日审协助处理的要注明清楚，填写时要认真。

11）当班结束。各项工作完成后，将资料进行整理分类，交到日审办公室。

3. 日审工作流程

1）处理夜间遗留问题，负责落实通知书内容。每天接到“夜间审计报告表”后，对遗留问题要及时处理，及时填写审计通知书，通知责任人所在的部门主管，并负责落实解决，然后将解决的情况写在通知书的第一联上，最后将通知书编号存档，月底统计后，注上处理意见报财务部经理处理。

2）账单核销。接到收银员的结账单后，检查所付的账单是否齐全，然后按照账单的号码，在票证核对表上按号划销。如有缺号，调整作废单据手续不齐，要写入夜审报告交日审处理。

3）核对前台结账处的结账单及收银员个人报表。客房结账单是由前台收银员为住店客人结账所打印的账单，反映向客人收取的房租、餐费及其他等费用。收银员收银明细表是反映当天所结房客账（包括向客人收取的现金、信用卡、支票、外汇、转会议账）的汇总表。

4）核对餐厅结账单。

① 核对餐厅结账单时应注意：账单与附件单的核对，点菜单中每一项都要同计算机结账单相核对，如果不符，要找收银员查明原因，并进行处理；附件单如有修改，应由修改人在单上说明修改原因，并由厅面管理人员签名证实，收银员应起监督作用。

② 核对营业对账表。要查看表中填写的数据与收银员上缴的附件单据中的数据是否一致，核对表中的收银员填写的数据与厅面其他相关人员填写的数据是否一致；如有不符，应立即向收银员查明原因并及时做出处理，确保营业收入的正确反映。

③ 打折手续应完整。用饭店优惠卡打折的，要在账单上注明卡号及客人签名；如果是饭店管理人员为客人打折的，要有管理人员签名并注明所打折扣。审计员在核对时，要注意收银员所打的折扣是否正确，如果不正确，要找收银员查明情况，及时做出处理。

④ 免费接待是否符合标准。各级管理人员在饭店免费接待，签单的权限应对照各级管理人员权限表；查看各级管理人员是否在权限范围内签单接待，如果发现接待超标，应立即找其补办手续，否则上报财务经理处理。

5）核对其他部门的缴款凭证及收费单。其他部门（包括康乐中心的游泳馆、保龄球馆、棋牌室、台球厅、商务中心、咖啡厅等）的收银员在营业结束后，根据收银单汇总填制缴款凭证，缴款凭证各项金额与所附收费单金额合计应相符。

① 收费单的核销及管理。收费单必须按号码顺序使用，审计员对各部门每日交来的收费单按号码在“票证使用单”上逐张划销，发现不联码使用的，应向收费单使用人查询原因，及时催交。作废单必须有领班以上人员签字方可。

② 核对商务中心缴款凭证。要查清收费单中各项收费项目金额的正确性，定期到商务中心采集机器上的数据，做到账实相符。

6）检查夜间审计人员制作的各项营业报表。负责检查夜间审计人员所做的各项报表的正确性，如数据计算有误，应立即修改，并追究夜间审计员责任。

7）审计主管同日审人员要经常到各营业点进行检查。检查收银员及厅面其他操作人员是否按规范程序操作，营业款是否如实反映，现金是否如实上缴。如果发现收银员或其他操作人员不按规范操作的，应立即纠正，并将情况及处理意见及时反映到部门经理和财务经理及质检部门，以防止情况再发生，确保饭店不受损失。

8）报表装订。按日期顺序将收银员操作记录、各收费点缴款凭证及各收费点原始账单装订成册，封面上注明起止日期存档。

8.4.4 成本及应付款组工作程序

成本及应付款组是用好资金、管好资金的重要机关。加强资金的管理与监督，是成本核算员的重要职责之一。每一名核算员都要了解并掌握资金的来龙去脉，控制成本费用开支标准，使资金得以正常周转及运用。其工作的主要内容如下：

1. 支票领用及结账

采购员根据当天所采购的具体内容，由采购部主管批准后，将购货发票及验货单送往财务部办理结账手续。结账时，成本核算员要检查发票的五大要素：①发票签发日期；②购货品名；③购货数量及单价；④大小金额是否一致；⑤持票单位公章。检查验货凭证与发票金额是否一致，经办人、验货人、收货人签字是否齐全，并注销采购单。经审核无误后，将金额及购货内容填写在支票领取登记簿上，即可转入每日银行支出统计。

2. 每日银行支出数统计

支出出纳员要将每日各银行支出金额提供给收入出纳员编制银行日报表。在统计前，首先按支票号码顺序及转账承付单发生时间填写支出登记簿，注明银行支出日期、付款单位名称、付款金额及购货内容。按结账程序复核无误后，即可编制各银行支出统计表。统计表一式两联，一联交收入出纳员作为编制银行日报表的依据，另一联作为复核及备查之用。统计表内各银行支出额要与每日填写支出登记簿金额一致。

3. 支出凭证编制程序

支出凭证按照权责发生制的会计核算原则及会计科目使用说明，准确无误地反映在账户中。支出凭证编制程序如下：

1）填写付款单位名称。

2）填写付款日期。

3）填写经济业务内容摘要。

4）填写会计科目及账号。

5）填写经济业务发生额。

在实际编制过程中，要做到发票金额与支票存根记录一致，各种收货记录与发票金额一致，支出凭证合计金额与发票金额一致，并负责将编制的记账凭证输入财务计算机系统。

8.4.5 出纳员的工作及程序

1. 现金收入清点、整理程序

收入出纳员与收银领班一起，将前一天放入保险柜中的现金袋一一打开，核对现金数额与现金袋上记录金额是否一致，现金与现金收入交收记录簿上记录金额是否一致。

2. 出纳员现款记录表编制程序

出纳员现款记录表分为两部分：第一部分是实收现款部分，反映饭店每个营业部门、每个班次、每个收银员实收现金；第二部分是应收现款部分，反映饭店每个营业部门、每个班次、每个收银员应收过机实数。收入出纳员根据现金收入交收记录簿上每个班次、每个收银员实交现金数额一一填写，并将财务部正式收据同时汇入此表中，该记录表合计数为当天应存入银行现金收入总数。

3. 每日现金收入记录表编制程序

每日现金收入记录表是在完成出纳员现款记录表的基础之上编制而成的，它既是出纳员记录表的补充说明，又是概括总结。收入出纳员将财务部收入的正式收据按顺序排列起来，根据该记录格式要求，对于付款单位、付款金额、支票号码等内容一一填写，再分别将前厅部、餐饮部、康乐部等每个营业部门现金总额汇入此表中，合计数应与出纳员现款记录表金额一致。该表将作为财务部编制现金输入凭证的原始凭证。

4. 差额核对

1）差额核对的目的是防止收银员的缴款凭证（报表）漏交出纳员或审计员。

2）出纳员将当天开箱收到的缴款凭证（缴款报表）汇总后，送审计员进行差额核对。审计员要将当天缴款员上缴缴款凭证的审计联同出纳员传递过来的出纳联逐一进行相符核对，并加盖私章。如果缴款凭证只有出纳联而没有审计联，要在“差额登记表”中登记为正数；如果审计联有而出纳联没有的，要在“差额登记表”中登记为负数。登记日期以缴款凭证（缴款报表）的日期为准。

3）在登记表中将缴款凭证（缴款报表）分为前台收银组、餐厅收银组、其他部门及合作部门四部分登记。在填写登记表过程中，缴款员姓名、数字金额一定要正确及清晰，正负数要分明，每一笔正负数都应该是相符合的。

4）如果核对表中缴款凭证（缴款报表）第二天还没登记差额的，要立即查明原因。如果是登记错误，要立刻更正并在更改处加盖私章，在备注栏说明原因。如凭证没送到，要立即查明原因并按较大违纪报经理处理。

差额核对完毕后，将凭证的出纳联送还出纳员。差额核对表月末登记完后，交会计存档。

5. 银行日报表编制程序

银行日报表是根据饭店在银行开设不同的户头而设立的。根据实际存款情况，将账户报表分为以下两部分。

1）收入部分。根据每日现金收入记录内容填写，括号内反映人民币金额，并根据该金额，转入人民币银行日报表。

2）支出部分。根据财务部应付款组提供的当天各银行支出数，逐笔填写。

6. 现金支出报销程序

饭店现金支出是指由各业务部门填写报销凭单，根据性质不同，部门经理同意，由财务部经理审核，经总经理或总经理书面授权人审批后，方可在支出出纳员处领取现金。支出出纳员接到报销凭单后，首先检查签字手续是否齐全、验收手续是否完备，经核实无误后，方可承付现金。支出出纳员将当天现金支出凭单汇总后，送财务部经理审批。支出核算员审核无误后，开现金支票，补足备用金。

7. 登记现金日记账程序

登记日记账要根据业务内容，逐笔登记。登记业务内容摘要要简练，数字不得涂改。如发生登记错误，应采用正确更正方法进行补救。登记账目时，要以“有借必有贷，借贷必相等”为原则，做到日清月结。现金账余额为周转金的固定金额。

8. 抽查备用金工作程序

收入出纳员应与审计主管一起，不定期地对饭店内部周转金进行抽查，监督、检查各岗位周转金是否有挪用现象或以白条抵账行为。在抽查前，要做好保密工作，以体现真实性。工作程序：首先清点各岗位保险箱及存款处的所有现金，按照票面额大小顺序，在备用金检查表上一一填写，并计算出定额，要同领取备用金金额与该班现金报告之和相符。如出现不一致，则属于长短款。出现长款时，应立即开出财务正式收据，将多余部分上缴；出现短款时，由收银员本人及部门主管负责写出书面报告，阐明短款原因，报送财务部，并提出处理意见。

9. 处理收银员长短款工作程序

经财务部日审查明，收银员实交现金额与计算机记录一旦出现差异，则为长短款。出现长款时，要通过账务处理，转入饭店营业外收入；出现短款时，由日审填写短款报告，报送审计主管，审计主管督促本人写出短款报告，并提出处理意见交财务部经理。原则上短款一律由个人赔偿，开出财务部正式收据，冲销其短款金额。

1）对于硬件故障，首先从电源查起，再用排除法查找问题。不能解决的问题，立即下单，联系工程部。

2）对于网络故障，先查线，再看网卡、HUB，最后检查计算机设置。

3）对于软件故障，先查看设置是否发生变动，再查病毒，系统崩溃需要硬盘格式化前，一定要在使用负责人参与、认可并做完备份后进行。

4）对于影响部门使用的情况，需向部门说明，在条件许可的情况下，先提供替代设备使用，并办好替借手续。

课后小结

财务管理在饭店管理中占据越来越重要的地位，是饭店运转不可缺少的关键因素。饭店财务管理是饭店利用货币形式，根据国家政策法规和资金运动规律，组织财务活动和处理财务关系所进行的一种全面管理活动。它具有会计核算的复杂性、商品销售的时间性、对客人结算的及时性、投资效益的风险性、更新改造的紧迫性的特点。

饭店财务管理的内容包括资金筹集管理、资金运用管理、成本费用管理、分配股利管理四个方面，其方法包括财务预测、制定财务决策、编制财务预算、组织财务控制、开展财务分析、实行财务审计等。

饭店财务管理贯穿饭店管理的整个过程，是全方位、全过程的管理。

思考与练习

1. 饭店财务管理的特点是什么？
2. 饭店财务管理的内容是什么？
3. 饭店财务管理的目标是什么？
4. 简述饭店财务管理各部门主要岗位的工作程序。

附录

旅游饭店标准

附录A　中华人民共和国国家标准《旅游饭店星级的划分与评定》（GB/T 14308—2010）

前　言

本标准代替 GB/T 14308—2003 旅游饭店星级的划分与评定。

本标准与 GB/T 14308—2003 相比，主要技术内容变化如下：

a）增加了对国家标准 GB/T 16766、GB/T 15566.8 的引用；

b）更加注重饭店核心产品，弱化配套设施；

c）将一二三星级饭店定位为有限服务饭店；

d）突出绿色环保的要求；

e）强化安全管理要求，将应急预案列入各星级的必备条件；

f）提高饭店服务质量评价的操作性；

g）增加例外条款，引导特色经营；

h）保留白金五星级的概念，其具体标准与评定办法将另行制订。

本标准的附录 A、附录 B、附录 C 均为规范性附录。

本标准由国家旅游局提出。

本标准由全国旅游标准化技术委员会归口。

本标准起草单位：国家旅游局监督管理司。

本标准主要起草人：李任芷、刘士军、余昌国、贺静、鲁凯麟、刘锦宏、徐锦祉、辛涛、张润钢、王建平。

本标准所代替标准的历次版本发布情况为：

—— GB/T 14308—1993

—— GB/T 14308—1997

—— GB/T 14308—2003

旅游饭店星级的划分与评定

1 范围

本标准规定了旅游饭店星级的划分条件、服务质量和运营规范要求。

本标准适用于正式营业的各种旅游饭店。

2 规范性引用文件

下列文件对于本文件的应用是必不可少的。凡是注日期的引用文件，仅注日期的版本适用于本文件，凡是不注日期的引用文件，其最新版本（包括所有的修改单）适用于本文件。

GB/T 16766 旅游业基础术语

GB/T 10001.1 标志用公共信息图形符号 第 1 部分：通用符号

GB/T 10001.2 标志用公共信息图形符号 第 2 部分：旅游设施与服务符号

GB/T 10001.4 标志用公共信息图形符号 第 4 部分：运动健身符号

GB/T 10001.9 标志用公共信息图形符号 第 9 部分：无障碍设施符号

GB/T 15566.8 公共信息导向系统 设置原则与要求 第 8 部分：宾馆和饭店

3 术语和定义

下列术语和定义适用于本标准。

旅游饭店 tourist hotel

以间（套）夜为单位出租客房，以住宿服务为主，并提供商务、会议、休闲、度假等相应服务的住宿设施，按不同习惯可能也被称为宾馆、酒店、旅馆、旅社、宾舍、度假村、俱乐部、大厦、中心等。

4 星级划分及标志

4.1 用星的数量和颜色表示旅游饭店的星级。旅游饭店星级分为五个级别，即一星级、二星级、三星级、四星级、五星级（含白金五星级）。最低为一星级，最高为五星级。星级越高，表示饭店的等级越高。（为方便行文，“星级旅游饭店”简称为“星级饭店”。）

4.2 星级标志由长城与五角星图案构成，用一颗五角星表示一星级，两颗五角星表示二星级，三颗五角星表示三星级，四颗五角星表示四星级，五颗五角星表示五星级，五颗白金五角星表示白金五星级。

5 总则

5.1 星级饭店的建筑、附属设施设备、服务项目和运行管理应符合国家现行的安全、消防、卫生、环境保护、劳动合同等有关法律、法规和标准的规定与要求。

5.2 各星级划分的基本条件见附录 A，各星级饭店应逐项达标。

5.3 星级饭店设备设施的位置、结构、数量、面积、功能、材质、设计、装饰等评价标准见附录 B。

5.4 星级饭店的服务质量、清洁卫生、维护保养等评价标准见附录 C。

5.5 一星级、二星级、三星级饭店是有限服务饭店，评定星级时应对饭店住宿产品进行重点评价；四星级和五星级（含白金五星级）饭店是完全服务饭店，评定星级时应对饭店产品进行全面评价。

5.6 倡导绿色设计、清洁生产、节能减排、绿色消费的理念。

5.7 星级饭店应增强突发事件应急处置能力，突发事件处置的应急预案应作为各星级饭店的必备条件。评定星级后，如饭店营运中发生重大安全责任事故，所属星级将被立即取消，相应星级标识不能继续使用。

5.8 评定星级时不应因为某一区域所有权或经营权的分离，或因为建筑物的分隔而区别对待，饭店内所有区域应达到同一星级的质量标准和管理要求。

5.9 饭店开业一年后可申请评定星级，经相应星级评定机构评定后，星级标识使用有效期为三年。三年期满后应进行重新评定。

6 各星级划分条件

6.1 必备条件

6.1.1 必备项目检查表规定了各星级应具备的硬件设施和服务项目。评定检查时，逐项打“ √ ”确认达标后，再进入后续打分程序。

6.1.2 一星级必备项目见表 A.1；二星级必备项目见表 A.2；三星级必备项目见表 A.3；四星级必备项目见表 A.4；五星级必备项目见表 A.5。

6.2 设施设备

6.2.1 设施设备的要求见附录 B。总分 600 分。

6.2.2 一星级、二星级饭店不作要求，三星级、四星级、五星级饭店规定最低得分线：三星级 220 分，四星级 320 分，五星级 420 分。

6.3 饭店运营质量

6.3.1 饭店运营质量的要求见附录 C 。总分 600 分。

6.3.2 饭店运营质量的评价内容分为总体要求、前厅、客房、餐饮、其他、公共及后台区域等 6 个大项。评分时按“优”、“良”、“中”、“差”打分并计算得分率。公式为：得分率＝该项实际得分/该项标准总分×100%。

6.3.3 一星级、二星级饭店不作要求。三星级、四星级、五星级饭店规定最低得分率：三星级 70%，四星级 80%，五星级 85%。

6.3.4 如饭店不具备表 C.1 中带“*”的项目，统计得分率时应在分母中去掉该项分值。

7 服务质量总体要求

7.1 服务基本原则

7.1.1 对宾客礼貌、热情、亲切、友好，一视同仁。

7.1.2 密切关注并尽量满足宾客的需求，高效率地完成对客服务。

7.1.3 遵守国家法律法规，保护宾客的合法权益。

7.1.4 尊重宾客的信仰与风俗习惯，不损害民族尊严。

7.2 服务基本要求

7.2.1 员工仪容仪表应达到：

a）遵守饭店的仪容仪表规范，端庄、大方、整洁；

b）着工装、佩工牌上岗；

c）服务过程中表情自然、亲切、热情适度，提倡微笑服务。

7.2.2 员工言行举止应达到：

a）语言文明、简洁、清晰，符合礼仪规范；

b）站、坐、行姿符合各岗位的规范与要求，主动服务，有职业风范；

c）以协调适宜的自然语言和身体语言对客服务，使宾客感到尊重舒适；

d）对宾客提出的问题应予耐心解释，不推诿和应付。

7.2.3 员工业务能力与技能应达到掌握相应的业务知识和服务技能，并能熟练运用。

8 管理要求

8.1 应有员工手册。

8.2 应有饭店组织机构图和部门组织机构图。

8.3 应有完善的规章制度、服务标准、管理规范和操作程序。一项完整的饭店管理规范包括规范的名称、目的、管理职责、项目运作规程（具体包括执行层级、管理对象、方式与频率、管理工作内容）、管理分工、管理程序与考核指标等项目。各项管理规范应适时更新，并保留更新记录。

8.4 应有完善的部门化运作规范。包括管理人员岗位工作说明书、管理人员工作关系表、管理人员工作项目核检表、专门的质量管理文件 、工作用表和质量管理记录等内容。

8.5 应有服务和专业技术人员岗位工作说明书，对服务和专业技术人员的岗位要求、任职条件、班次、接受指令与协调渠道、主要工作职责等内容进行书面说明。

8.6 应有服务项目、程序与标准说明书，对每一个服务项目完成的目标、为完成该目标所需要经过的程序，以及各个程序的质量标准进行说明。

8.7 对国家和地方主管部门和强制性标准所要求的特定岗位的技术工作如锅炉、强弱电、消防、食品加工与制作等，应有相应的工作技术标准的书面说明，相应岗位的从业人员应知晓并熟练操作。

8.8 应有其他可以证明饭店质量管理水平的证书或文件。

9 安全管理要求

9.1 星级饭店应取得消防等方面的安全许可，确保消防设施的完好和有效运行。

9.2 水、电、气、油、压力容器、管线等设施设备应安全有效运行。

9.3 应严格执行安全管理防控制度，确保安全监控设备的有效运行及人员的责任到位。

9.4 应注重食品加工流程的卫生管理，保证食品安全。

9.5 应制订和完善地震、火灾、食品卫生、公共卫生、治安事件、设施设备突发故障等各项突发事件应急预案。

10 其他

对于以住宿为主营业务，建筑与装修风格独特，拥有独特客户群体，管理和服务特色鲜明，且业内知名度较高旅游饭店的星级评定，可参照五星级的要求。

附录B　中华人民共和国旅游行业标准《绿色旅游饭店》（LB/T 007—2006）

前　言

由于全球生态环境的日益恶化，保护环境、保障人类健康已受到全世界的关注。各国、各地区、各行业都颁布了相应的法律、法规，出台了各种政策、措施，制定了相应的行业准则以约束并促进组织的环境行为。因此，各类组织越来越重视自身活动、产品和服务对环境的影响。

旅游业的发展依赖于当地的环境状况，饭店业作为旅游业的支柱产业，在有效保护环境和合理利用资源方面的努力直接关系到旅游业的健康发展，并影响到社会的可持续发展。所以，饭店的环境管理工作被提上议事日程，而创建"绿色旅游饭店"是饭店环境管理的重要环节。

绿色旅游饭店是一种新的理念，它要求饭店将环境管理融入饭店经营管理中，以保护为出发点，调整饭店的发展战略、经营理念、管理模式、服务方式，实施清洁生产，提供符合人体安全、健康要求的产品，并引导社会公众的节约和环境意识、改变传统的消费观念、倡导绿色消费。它的实质是为饭店宾客提供符合环保要求的、高质量的产品，同时，在经营过程中节约能源、资源，减少排放，预防环境污染，不断提高产品质量。绿色饭店是一种方向和目标，是一个不断发展的概念，为指导现阶段的实践，本标准把绿色旅游饭店定义为：以可持续发展为理念，坚持清洁生产，倡导绿色消费，保护生态环境的饭店，其核心就是在生产经营过程中加强对环境的永续保护和资源的合理利用。

绿色旅游饭店的创建、实施与保持是一个不断发展的过程，在实践过程中应与饭店其他管理体系的运行相协调，是一个与饭店各方面的发展相互促进的过程。

饭店建成的年代有长短、经营的规模有大小、建筑的形式各不同，设备设施技术性能也有差别，因此在创建、实施过程中，需要根据饭店各自的实际情况采取不同的措施，并积极引入先进的环保技术和设备，获得环境绩效的持续改进。

本标准专为创建绿色旅游饭店、实施环境管理提供指导。并对创建绿色旅游饭店、实施和加强环境管理提供切实可行的建议。

由于环境保护技术的发展、对环境问题研究的深入以及饭店环境管理水平的提高和环境绩效的改善，本标准将根据实际情况不断修订和完善。

本标准的制定主要参考版本为浙江省地方标准《绿色饭店》（DB33/T 326—2001）。

本标准由国家旅游局提出。2006 年 3 月 23 日发布。

本标准起草单位：国家旅游局质量规范与管理司、浙江省旅游局。

本标准主要起草人：满宏卫、刘士军、贺静、许澎、肖歌、王建平、朱海燕、徐晓村、谭湘萍、汪笑柏、杜觉祥、刘锦宏、鲁凯麟、张源。

绿色旅游饭店（LB/T 007—2006）

1 范围

本标准规定了创建绿色旅游饭店、实施和改进环境管理的要求。

本标准适用于任何要求创建绿色旅游饭店、实施和改进环境管理的旅游饭店。

2 规范性引用文件

下列文件中的条款通过本标准的引用而成为本标准的条款。凡是注明日期的引用文件，其随后所有的修改单（不包括勘误的内容）或修订版均不适用于本标准，然而，鼓励根据本标准达成协议的各方面研究是否可使用这些文件的最新版本。凡是不注明日期的引用文件，其最新版本适用于本标准。

GB 12941—91　景观娱乐用水水质标准

GB 3095—1996　环境空气质量标准

GB/T 18883—2002　室内空气质量标准

GB 3096—93　城市区域环境噪声标准

GB 8978—1996　污水综合排放标准

GB 5749—1985　生活饮用水卫生标准

GB/T 12455—1990　宾馆、饭店合理用电

GB 13271—2001　锅炉大气污染物排放标准（GWPB 3—1999）

GWPB 5—2000　饮食业油烟排放标准

GB/T 9001—2004　质量管理体系　原则、体系和支持技术通用指南

GB/T 24001—2004　环境管理体系　原则、体系和支持技术通用指南

3 定义

本标准采用下列定义。

3.1 绿色旅游饭店（Green Hotel）

以可持续发展为理念，坚持清洁生产（见 3.2）、倡导绿色消费（见 3.4），保护生态环境和合理使用资源的饭店。

3.2 清洁生产（Cleaner Production）

清洁生产是指不断采取改进设计、使用清洁的能源和原料、采用进行的工艺技术与设备、改善管理、综合利用等措施，从源头消减污染，提高资源利用效率，减少或者避免生产、服务和产品使用过程中污染物的产生和排放，以减轻或消除对人类健康和环境的危害。

3.3 绿色设计（Green Design）

绿色设计是指在设计阶段就将环境因素和预防污染的措施纳入产品设计之中，将环境性能作为产品的设计目标和出发点，力求使产品对环境的影响最小。在饭店设计中表现为饭店在建筑设计、室内设计和设施配置等方面充分考虑能源节约和生态环境保护，采用先进的技术和材料，使饭店符合绿色旅游饭店的相应标准。

3.4 绿色消费（Green Consumption）

指人们在购买物品和消费时，关注商品在生产、使用和废弃后对环境的影响问题，并在消费过程中关注环境保护的问题。

3.5 绿色客房（Green Room）

指无建筑、装修、噪声污染，室内环境符合人体健康要求的客房；客房内所有物品、用具及对它们的使用都符合环保要求。

3.6 绿色食品（Green Food）

指遵循可持续发展原则，按照特定的生产方式，经专门机构评定，许可使用绿色食品标

志商标的无污染的安全、优质、营养类食品。

3.7 有机食品（Organic Food）

有机食品是指根据有机农业和有机食品生产、加工标准而生产出来的，经有机食品颁证组织颁发证书的食品。

3.8 环境标志（Environment Label）

环境标志是所在或贴在产品或其包装上宣传环境品质或特征的用语或象征符号。环境标志标明产品从生产、使用以及回收处置的整个过程符合环保要求，对生态环境无害或损害极小，有利于资源再生和回收利用。

3.9 绿色照明（Green Lighting）

安全、高效、紧凑型的以节电、保护环境为原则而设计的科学、有益健康的照明器具。

3.10 绿色服务（Green Service）

是指在服务过程中使用环保型的设施、设备、用具，并倡导绿色消费（见 3.4）的服务。

3.11 环境方针（Environment Policy）

组织对其全部环境表现的意图与原则的陈述，它为组织行为及环境目标和指标的建立提供了一个框架。

3.12 环境绩效（Environment Performance）

组织基于其环境方针、目标和指标，对其环境问题进行控制所取得的可测量的管理结果。

4 基本原则

4.1 减量化原则

饭店在不影响产品及服务质量的前提下，尽量用较少的原料和能源投入。通过较小产品体积、减轻产品重量、简化产品包装，以达到降低成本、减少垃圾的目的，从而实现既定的经济效益和环境效益目标。

4.2 再使用原则

在确保不降低饭店的设施和服务的标准的前提下，物品要尽可能地变一次性使用为多次使用或调剂使用，不要轻易丢弃，减少一次性用品的使用范围和用量。

4.3 再循环原则

物品在使用后回收处理，成为可利用的再生资源。

4.4 为节约资源、减少污染，饭店使用无污染的物品或再生物品，作为某些物品的替代。

5 管理的基本要求

5.1 饭店最高管理者承诺持续改进环境绩效和预防污染，并遵守有关环保、节能、卫生、防疫、规划等法律法规和其他要求。

5.2 最高管理者指定一名管理者分管绿色旅游饭店的创建、实施与运行，各部门设有负责环境管理的分管人员，形成管理网络，创造能使员工充分参与创建绿色饭店的内部环境。

5.3 饭店应制订环境方针，明确“创绿”目标和指标，建立并实施有关节能、环保和倡导绿色消费的规章制度。

5.4 各级管理者要定期检查饭店各部门的运行情况，有记录、有整改的措施，并有成效。

5.5 饭店主要公共场所和部门应有体现保护环境、注重生态的装饰，有倡导绿色消费的告示和文字说明，有相关的报纸杂志展示。

5.6 应对饭店全体员工进行全面的环境意识的培训和教育，使培训与实施办法同步进行。特别是对环境可能发生重大影响的工作岗位的员工要进行相应的技术培训。

6 绿色旅游饭店等级与划分

绿色旅游饭店分金叶级和银叶级两个等级。

6.1 金叶级应具备：

6.1.1 饭店建立绿色管理机构，形成管理网络；

6.1.2 自觉遵守国家有关节能、环保、卫生、防疫、规划等法律法规；

6.1.3 分区域、分部门安装水、电、汽计量表，并有完备的统计台账；

6.1.4 锅炉安装除尘处理设备；

6.1.5 厨房安装油烟净化装置，并运行正常；

6.1.6 污水处理设施完备或接入城市排污管网，不直接向河流等自然环境排放超标废水；

6.1.7 室内空气质量符合 GB/T 18883—2002《室内空气质量标准》的要求；

6.1.8 不加工和出售以野生保护动物为原料的食品；

6.1.9 一年内未出现重大环境污染事故，无环境方面的投诉；

6.1.10 达到附录 B 评定细则 240 分以上。

6.2 银叶级应具备：

6.2.1 饭店建立绿色管理机构，形成管理网络；

6.2.2 自觉遵守国家有关节能、环保、卫生、防疫、规划等法律法规；

6.2.3 主要区域安装有水、电计量表，并建立台账或记录；

6.2.4 锅炉有除尘处理措施；

6.2.5 厨房有烟净化处理措施；

6.2.6 不直接向河流等自然环境排放超标废水；

6.2.7 不加工和出售以野生保护动物为原料的食品；

6.2.8 一年内未出现重大环境污染事故，无环境方面的投诉；

6.2.9 达到附录 B 评定细则 180 分以上。

7 绿色设计

7.1 环境设计

7.1.1 饭店设计中有保护当地自然景观和生物多样性的设计。

7.1.2 饭店建设未造成当地植被、水系及生态的破坏。

7.2 建筑设计

7.2.1 饭店设计充分考虑自然采光的设计与运用。

7.2.2 设计中考虑隔热、保温材料的设计与运用。

7.2.3 饭店门窗和隔墙有减少噪音的设计。

7.2.4 采用新型墙体材料和环保装饰材料。

7.3 新能源的设计与运用

饭店在设计时能够根据当地实际情况，实现太阳能、生物质能、风能和地热等新能源及可再生能源的利用。

7.4 节水设计和其他

7.4.1 采用冷热电联供、集中供热等能源梯级利用技术。

7.4.2 饭店设计中有雨水收集利用系统。

7.4.3 饭店卫生间采用节水型座便器。

7.4.4 饭店有中水系统设计。

7.4.5 饭店有减少污染排放的设计。

8 能源管理

8.1 基础管理

8.1.1 建立耗能设备分类与计量仪表台账。

8.1.2 按部门或系统安装水、电、汽计量仪表，并设立计量仪表的数量、分布台账。

8.1.3 建立能源统计工作制度，有比较、分析、建议报告。

8.1.4 建立能耗定额、考核制度及奖惩办法。

8.1.5 管理者掌握饭店用能详细情况，问题清楚，目标明确，节能措施可行有效。

8.2 主要用能设备运行效率应遵循附录 B 的规定。

8.3 积极应用节能新技术（太阳能、风能、生物质能、海洋能、地热等），并保持运行良好。

8.4 积极采用多种节水措施。

9 环境保护

9.1 污染控制

9.1.1 各类污水处理设备完备且运行正常。

9.1.2 污水排放符合 GB 8978—1996《污水综合排放标准》的要求。

9.1.3 锅炉烟尘排放符合 GB 13271—2001《锅炉大气污染物排放标准》(GWPB 3—1999）的要求或使用集中供热。

9.1.4 厨房安装油烟净化设备且油烟排放符合 GWPB 5—2000《饮食业油烟排放标准》的要求。

9.1.5 饭店边界噪声符合 GB 3096—93《城市区域环境噪声标准》。

9.1.6 固体废弃物处理符合国家有关法律法规的规定。

9.2 积极采用环保型设备、用品和材料。

9.2.1 使用溴化锂吸收式等环保型的冷水机组。

9.2.2 使用环保型（无氟）空调。

9.2.3 使用环保型（无氟）冰箱。

9.2.4 不使用哈龙（F1211）灭火器。

9.3 室内环境

9.3.1 室内空气质量符合 GB/T 18883—2002《室内空气质量标准》的要求。

9.3.2 改造或新装修后的客用设施投入使用前，应采取必要的措施，减少有害物质。

9.3.3 采用有环境标志的装修材料。

9.4 绿化

9.4.1 以保护生态的原则做好室外绿化工作。

9.4.2 做好室内绿化，为宾客提供良好的消费环境。

10 降低物资消耗

10.1 物资的使用总要求

饭店有降低及控制各类物品使用的措施，尽量做到减量使用、多次使用和替代使用。

10.2 降低客房物资消耗
10.2.1 减少客房各类棉织品洗涤次数。
10.2.2 客用品减量使用、多次使用。
10.2.3 取消、改变或简化客房生活、卫生用品的包装。
10.3 降低餐饮物资用品消耗
10.3.1 不使用一次性餐具、清洁用品。
10.3.2 合理利用食品加工中边角料的有效部分，减少浪费。
10.4 节约各类消耗品
10.4.1 节约用纸。
10.4.2 用分类洗涤等措施，节约使用清洁剂。
10.4.3 节约其他各类物资。
11 提供绿色产品与服务
11.1 提供绿色客房
11.1.1 设有无烟客房楼层或无烟小楼。
11.1.2 客房楼层有新风系统。
11.1.3 积极采取措施降低客房物资用品耗量。
11.1.4 服务指南中有相关说明，服务程序或岗位职责中有具体规范要求。
11.1.5 配备空气清洁设备。
11.1.6 供应洁净饮用水。
11.1.7 放置对人体有益的绿色植物。
11.2 餐厅提供绿色服务
11.2.1 有绿色服务规范。
11.2.2 积极提供绿色食品。
11.2.3 零点餐厅和早餐厅设无烟区。
11.2.4 提供安全食品。
11.2.5 不以野生保护动物为食品原料。
11.2.6 拒绝使用损害环境的企业和厂家生产的产品。
12 社会环境经济效益
12.1 社会环境效益
12.1.1 有系统的宣传措施。
12.1.2 得到社会的良好反映（有各种报道）。
12.1.3 得到宾客的支持和赞同（有反馈信函）。
12.1.4 宾客对饭店环境的满意程度达到 80%以上（根据征求意见表统计）。
12.1.5 绿色客房出租率呈上升趋势，或绿色客房平均出租率超过饭店平均出租率。
12.2 经济效益
12.2.1 年能耗（电、水、燃料）费用占总营业收入的比例比上年下降或达到先进指标。
12.2.2 消耗品费用占总营业收入的比例比上年下降或达到先进指标。
12.3 建立绿色饭店管理体系
12.3.1 饭店设立绿色旅游饭店管理组织，建立绿色管理网络。

12.3.2 制定环境管理的目标和方针，建立健全节能环保等制度与措施。

12.3.3 遵守国家有关节能、环保、卫生、防疫等法律法规。

12.3.4 开展绿色环保活动，营造绿色氛围。

12.3.5 组织节能环保培训。

12.3.6 参加质量、环境、安全管理体系的认证。

13 绿色旅游饭店的评定

13.1 参加评定资格

全国范围内，正式开业一年以上的旅游饭店。

13.2 评定机构和权限

13.2.1 全国旅游星级饭店评定机构统筹负责绿色旅游饭店的组织、领导、评定工作，制定评定工作的实施办法和评定细则，授权、督导省级以下旅游星级饭店评定机构开展绿色旅游饭店的评定工作，保有对各级旅游星级饭店评定机构所评绿色旅游饭店的否决权，并接受国家旅游局监督。

13.2.2 省、自治区、直辖市旅游星级饭店评定机构按照全国旅游星级饭店评定机构的授权和督导，组织本地区绿色旅游饭店的评定与复核工作，保有对本地区下级旅游星级饭店评定机构所评绿色旅游饭店的否决权。同时，负责将本地区所评绿色旅游饭店的批复和评定检查资料上报全国旅游星级饭店评定机构备案。评定机构应吸收有关专业技术部门代表参加，并接受各省、自治区、直辖市旅游局监督。

13.2.3 其他城市或行政区域旅游星级饭店评定机构按照全国旅游星级饭店评定机构的授权和所在地区省级旅游星级饭店评定机构的督导，实施本地区绿色旅游饭店的推荐、评定和复核工作。同时，负责将本地区绿色旅游饭店的推荐或评定检查资料上报省级旅游星级饭店评定机构。评定机构应吸收有关专业技术部门代表参加，并接受各城市或行政区域旅游局监督。

13.3 评定程序

13.3.1 饭店向所在城市或行政区域旅游星级饭店评定机构提交评定申请报告及有关表单。

13.3.2 饭店所在城市或行政区域旅游星级饭店评定机构（见 13.2.3）向省级旅游星级饭店评定机构推荐申报饭店，或根据授权对申报饭店进行评定，并将有关评定检查情况上报省级旅游星级饭店评定机构备案。

13.3.3 省级旅游星级饭店评定机构对申报饭店进行评定。

13.3.4 评定后，达到标准要求的予以通过并公告，同时，上报全国旅游星级饭店评定机构备案，并由全国旅游星级饭店评定机构颁发证书及绿色旅游饭店标志牌。未达到标准要求的，不予通过。

13.4 人员资质

13.4.1 熟悉旅游以及相关行业的法律、法规和政策，精通环境管理基本知识。

13.4.2 思想品德好，能做到严格要求，认真负责，秉公办事，不谋私利。

13.4.3 了解饭店工程设备运行与管理，具有较丰富的饭店经营管理或行业管理经验。

13.4.4 具有较强的分析、研究能力，有一定的协调组织能力和口头、文字表达能力。

13.4.5 通过培训取得绿色饭店评定员资格。

13.5 标志管理

13.5.1 绿色旅游饭店标志实行自愿申请，强制管理制度。

13.5.2 经评定的绿色旅游饭店授予相应的标志，并颁发证书。

13.5.3 绿色旅游饭店标志牌由全国旅游星级饭店评定机构统一制作、核发，任何单位或个人未经授权或许可，不得擅自使用。

13.5.4 经评定的绿色旅游饭店，由省级旅游星级饭店评定机构每三年进行一次复核。复核结果上报全国旅游星级饭店评定机构备案。

13.5.5 标志的有效期为五年（自颁发证书之日起计算）。到期必须重新申请、评定。

13.5.6 企业在使用标志期间，一经发现与标准不符或给消费者带来直接的、间接的利益损害的行为即予以取消标志的使用权，并且在有关媒体予以公告。

13.5.7 凡标志使用有效期满而不继续申请的，不得继续使用标志。

附录C　中华人民共和国旅游行业标准《星级饭店访查规范》（LB/T 006—2006）

前　言

为配合《旅游饭店星级的划分与评定》（GB/T 14308—2003）的实施，规范和完善星级饭店评定工作，更好地促进我国星级饭店服务质量的提高，特制定本标准。

本标准由全国旅游星级饭店评定委员会提出。

本标准由全国旅游标准化技术委员会归口并解释。

本标准主要起草单位：国家旅游局质量规范与管理司。

本标准主要起草人：满宏卫、刘士军、贺静、鲁凯麟、刘锦宏、张源。

本标准于2006年3月7日首次发布，自2006年3月7日起实施。

星级饭店访查规范

1 范围

本标准规定了接受各级旅游星级饭店评定机构委派的访查人员，对星级饭店进行一系列质量检查活动的依据和要求。

本标准适用于我国已评定星级的旅游饭店。

2 规范性引用文件

下列文件中的条款通过本标准的引用而成为本标准的条款。凡是注日期的引用文件，其随后所有的修改单（不包括勘误的内容）或修订版均不适用于本标准，然而，鼓励根据本标准达成协议的各方研究是否可使用这些文件的最新版本。凡是不注日期的引用文件，其最新版本适用于本标准。

GB/T 14308—2003《旅游饭店星级的划分与评定》

GB/T 10001.1《标志用公共信息图形符号》第1部分：通用符号（GB/T 10001.1—2000.neg ISO 7001：1990）

GB/T 10001.2《标志用公共信息图形符号》第2部分：旅游设施与服务符号（GB/T 10001.2—2002.neg　ISO 7001：1990）

3 术语和定义

下列术语和定义适用于本标准：

3.1 星级饭店 star-rated hotel

各级旅游星级饭店评定机构依据《旅游饭店星级的划分与评定》，评定星级的旅游饭店。

3.2 星级饭店访查 star-rated hotel inspection

具备检查资格的专业人员受各级旅游星级饭店评定机构委派，以普通客人身份入住饭店，针对已评定星级的饭店落实和执行星评标准的情况进行检查，或在不通知饭店管理方具体检查时间的情况下，以“神秘客人”的形式对饭店质量进行暗访的一系列检查活动。

3.3 神秘客人 mysterious shopper

持有各级旅游星级饭店评定机构的有关委派证件，以普通旅客的身份入住饭店，不通报身份，在店检查期间亦不暴露真实身份的访查人员。

4 基本要求

坚持随机抽查，不提前通知的检查，以顾客和专家身份对服务质量进行监控，保证检查的有效性和客观性。

4.1 访查员为接受各级旅游星级饭店评定机构的委派，以“神秘客人”方式入住被访查饭店的质量检查人员

4.1.1 访查员对饭店进行明查时，应以普通旅客的身份入住饭店。

4.1.2 访查员对饭店进行暗访检查时，应不通报身份，在店检查期间亦不得暴露真实身份。

4.1.3 对任何一家饭店，参加访查的访查员均应为 2～3 人。

4.1.4 访查员在店访查时间以住店时间最短为 24 小时，最长为 72 小时。

4.2 访查对象为已进行星级评定并获得相应星级的旅游饭店

4.2.1 星级饭店按照星级标准的规定接受复核访查，特殊情况下，由全国旅游星级饭店评定机构安排不定期访查。

4.2.2 访查结束后限期整顿的饭店在整顿期完成后半年内接受一次访查。

4.3 访查权限

4.3.1 白金五星级和五星级饭店由全国旅游星级饭店评定机构委派访查员进行访查。

4.3.2 四星级及其以下星级饭店由省（自治区、直辖市）旅游星级饭店评定机构委派访查员进行访查。

4.3.3 全国旅游星级饭店评定机构可酌情授权辖区内的地、市或优秀旅游城市的旅游星级饭店评定机构委派访查员进行三星级及其以下星级饭店的访查。

4.3.4 全国旅游星级饭店评定机构每年不定期对四星级以下的饭店进行抽样访查。

4.4 访查依据为本标准的附录 A

4.5 访查程序

4.5.1 访查员以普通住店客人住店，重点针对饭店前厅、客房、餐饮等核心产品进行访查并进行打分。

4.5.2 访查结束时，访查员向饭店管理方出具相应旅游星级饭店评定机构签发的《访查通知书》和本人的《星评员检查证》，由店方报销往返交通费和住店期间的费用（仅限于访查人员个人以访查为目的的消费），同时访查员当面向饭店高层管理人员反馈访查情况。

4.5.3 在针对直接对客部门的访查结束后，若访查员认为必要，可公开身份，要求检查饭店后台部门的服务情况及饭店的整体质量监控情况。

4.5.4 访查结束后，在 7 个工作日以内整理访查打分情况，完成访查报告，向相应旅游星级饭店评定机构汇报访查情况。

4.5.5 各级旅游星级饭店评定机构根据访查报告在一个月内对饭店下达处理意见，做出奖惩决定。

5 访查结果的处理

访查结束后，各级旅游星级饭店评定机构应向被查饭店反馈访查情况，并做出相应处理，访查处理结果应逐级上报更高一级星评机构。各省级旅游星级饭店评定机构每半年一次将本辖区星级饭店的访查结果及其处理意见上报全国旅游星级饭店评定机构。

5.1 访查结果达标饭店的奖励。

5.1.1 口头表扬。

5.1.2 通报表扬。

5.1.3 饭店申请更高星级评定时予以加分。

5.1.4 在评选各个级别的最佳饭店时予以加分。

5.2 访查结果未达标饭店的处理。

5.2.1 口头提醒。

5.2.2 书面警告。

5.2.3 通报批评。

5.2.4 限期整顿。

5.2.5 降低星级或取消星级。

5.3 各级旅游星级饭店评定机构对星级饭店进行处理的责任分工依照星级评定的权限划分办理。全国旅游星级饭店评定机构保留对各星级饭店访查结果的终审权。

5.4 星级饭店接到口头批评、警告通知书、通报批评、限期整顿或降低星级的通知后，必须认真整改并在规定期限内将整改情况报告相应旅游星级饭店评定机构。

参 考 文 献

本书编写组．2010．旅游饭店星级的划分与评定释义．北京：中国旅游出版社．

陈明．2011．酒店管理概论．北京：旅游教育出版社．

杜建华．2003．饭店管理概论．北京：高等教育出版社．

冯文昌．2009．酒店管理概论．北京：科学出版社．

黄继元．2005．饭店管理．北京：科学出版社．

蒋卫平，范运铭．2011．饭店概论．北京：旅游教育出版社．

李树民．2002．现代饭店管理概论．西安：西北大学出版社．

马桂顺．2005．酒店财务管理．北京：清华大学出版社．

马勇．2006．饭店管理概论．北京：清华大学出版社．

美国饭店协会教育学院．2003．美国注册饭店高级职业经理人 CHA 认证指导教程．第二册．南京：新博亚酒店管理培训中心．

王大悟，刘耿大．2007．酒店管理 180 个案例品析．北京：中国旅游出版社．

王大悟，司马志．2009．酒店管理实践案例精粹．北京：中国旅游出版社．

王立职．2010．饭店管理．北京：中国铁道出版社．

王天佑．2006．饭店管理概论．北京：清华大学出版社，北京交通大学出版社．

薛秀芬，刘艳．2012．饭店服务质量管理．上海：上海交通大学出版社．

张玉玲．2009．现代酒店服务质量管理．北京：北京大学出版社．

赵涛．2006．酒店经营管理．北京：北京工业大学出版社．

浙江省教育厅职成教教研室．2009．饭店服务与管理．北京：高等教育出版社．

郑向敏．2005．酒店管理．北京：清华大学出版社．

周丽洁．2005．饭店管理概论．长沙：中南大学出版社．